한국 현대시와
인천 심상지리心象地理

인천학연구총서 30

한국 현대시와
인천 심상지리 心象 地理

황규수

보고사

머리말

　내게 인천은 어떠한 곳인가? 나의 살던 고향은 인천시 동구 송현동 72번지 전봇대가 늘어서 있는 도심 골목길. 지금은 동인천역 북광장에 포함되어 그 흔적조차 찾아볼 수 없는 곳. 여름 장마철이면 빗물이 하수구를 통해 집안으로 역류해 들어와 마당은 말할 것도 없고 부엌이며, 연탄광마저 침수되었던 곳. 나는 돌아다니기를 좋아해서 홍예문 근처 아이스케끼집을 지나 자유공원에 올라가곤 했는데, 거기서는 당시 외국인들도 어렵지 않게 볼 수 있었다. 또한 수문통 시장을 통과하여 그 끝에 이르면 지저분하기는 했지만, 이른바 '똥바다'라 불리던 바다를 볼 수 있었다. 그리고 속칭 양키시장(중앙시장)에서 가게를 하시며 수도국산에서 사시던 막내고모 덕분에, 군복과 군화 등을 파는 가게와 지금은 수도국산 달동네 박물관에서나 볼 수 있는, 과거 그곳의 광경을 실제로 목격할 수 있었다. 이후 주안4동 주안국민학교 뒤편으로 이사하게 되어서는, 주안 염전터를 가보거나 집 근처 개울에서 물고기를 잡기도 하고, 신기촌 화장터 옆길을 지나 문학산 약수터에 가기도 하였다. 더욱이 이사하고서도 전학을 하지 않고 동인천 소재 국민학교로 통학하던 터라, 버스비를 아껴 10원짜리 건빵을 사 먹으며 귀가하면서 배다리와 도원고개 등의 대나무 가게, 대장간 등에서 볼 수 있었던 진풍경은 지금도 잊히지 않는다. 이처럼 과거 어린 시절 인천에서의 내 기억은, 그리 화려하거나 아름다울 것도 없다. 어쩌면 잊고 싶은 것들도 있다. 그럼에도 불구하고 지금도 그것들이 나의 삶을 지루하지 않고 즐겁게 만든다.

그러면 다른 이들에게는 그곳이 어떻게 기억되고 있는가? 필자가 여러 시인들이 창작한 인천 관련 시들을 읽으면서 정리하게 된, 큰 이유 중에 하나는 이와 같은 의문에 있었다. 그래서 본 연구에서 필자는 먼저, 지금까지의 연구 성과를 바탕으로 일제강점기 때로부터 최근에 이르기까지 인천을 시의 소재 및 배경으로 취하고 있는 인천 시편들을 조사하여 목록화하였다. [부록2]와 같이 180명의 시인이 창작한 1,025편의 인천 시편을 시인별로 분류해서 작품명과 수록지(시집), 배경 등을 일목요연하게 파악할 수 있도록 정리해 놓은 것이다. 그리고 이를 토대로 이 작품들에 대해 지리학적(地理學的) 측면에서 접근하여, 시인의 심상(心象)이 작품을 통해 어떻게 나타나는가를 파악할 뿐만 아니라 인천의 정체성에 대해 본격적으로 탐구함으로써 인천학으로서 인천에 대한 연구의 한 기틀을 마련코자 했다.

　　그 결과 시인의 인천에 대한 인식과 심상이 작품을 통해 어떻게 나타나는가를 구체적으로 파악할 수 있었다. 김소월을 비롯하여, 김동환, 박팔양, 정지용, 김기림, 오장환, 김광균, 박인환, 한하운, 조병화, 고은, 문정희, 정호승, 이가림, 하종오, 김남주, 최두석, 김영승, 장석남, 최정례, 함민복, 박형준 등 그 이름이 세상에 널리 알려진 시인들뿐만 아니라 그렇지 않은 작자들에 의해서도 많은 작품들이 쓰인 것을 알 수 있었다. 인천에서의 출생 또는 성장 등의 여부와 관계없이, 인천 지역이 그만큼 많은 사람들의 관심의 대상이었음을 확인할 수 있었던 것이다. 특히 이는 인천에는 개항 이후 일제 강점, 광복을 거쳐, 한국전쟁 전후에 이르는 한국현대사의 흐름이 반영된 곳이 많은데, 실제 인천 시편에서는 인천항과 강화도 및 백령도, 수도국산을 비롯하여 문학산과 월미산, 성냥공장, 부대, 유곽, 자유공원 등 그곳을 시의 소재 또는 배경으로 취한 작품이 상당수 있다는 점과 밀접히 관련된다. 물론 같은 장소를 배경으로 창작된 작품임에도 불구하고, '보임'과 '보이지 않음'이라는 시각적 심상이 대비되는 특성을 보이는 경우를 자유공원 관련 시에 대한 검토에서 파악할 수 있었는데, 이것은 시인들의 현실에 대한 인식, 또는 시대 상황을 바라보는 관점의 차이에서 비롯된 결과라고 이해되었다. 더욱이 지금 배다리처럼 지역의 지리적 특성이 지명에만 남아 있는 경우, 시를 통해서 그곳의 지리뿐만 아니라 인심까지도 되새겨 볼 수 있었다는 점 등은 실로 다행이라 하지 않을 수 없었다. 그렇지만 그 대상이 방대하여 이 자리에서는 인천 시편에 대한, 좀 더 충실한 검토까지 이르지 못한 점은 앞으로 보완되어야 할 과제로 남아 있다.

그럼에도 불구하고 이와 같은 과제의 보완을 통해 이 책이, 앞으로 제대로 된 '인천 시편 선집', 또는 '시전집'을 간행하는 데에 기본 자료로 활용될 수 있을 뿐만 아니라, '인천 현대시문학사'를 기술하는 데에 있어서도 밑바탕이 될 수 있다면, 이는 이러한 작업이 이루어질 수 있도록 작품조사 참여 요청에 응해 주신 시인들의 협조와 격려(제1장 서론 각주42 참조)가 있었기 때문이다. 더욱이 이 책이 출판될 수 있도록 편의를 제공해 주신, 인천대학교 인천학연구원과 보고사 여러분께 이 자리를 빌려 감사의 말씀을 드린다. 특히 실무를 담당하신 신미혜, 이경민 두 분의 노고에 고마움의 뜻을 전한다. 또한 수년간 병마와 싸우시면서도 항상 가족들을 위해 기도하시는 필자의 어머님께, 그리고 필자가 공부할 수 있도록 성원해 주는 아내 방진화 선생과 두 딸 지윤·지현에게도 본서의 간행이 작은 보답이 되었으면 한다.

2015년 1월 26일
송도(松都) 우거(寓居)에서 지은이 씀

목차

부록

제1장

서론

1. 연구 목적 및 필요성

문학지리학(literary geography)은 문학 작품 속에서 지리적 공간에 대한 경험과 의식이 어떻게 표현되었는가를 살피는 일이다. 물론 나중에 이는 지리학적 현상으로서의 문학 작품을 연구하는 것으로 그 의미가 확장되었다. 그러므로 작품을 산출한 지역에 대한 지리학적 접근을 온전히 수행하지 않고서는 문학에 대한 깊이 있는 해명에 이르기는 쉽지 않으며, 이는 역으로 개인의 창작물인 문학이 물질적, 정치적 지표보다 더 깊이 그 지역의 특성과 경관, 역사를 이해하게 하는 사료가 될 수 있다고도 해석할 수 있게 한다.[1] 이와 같은 맥락에서 인천을 다룬 문학작품의 전체적 양상과 지역문학사 전개의 일단에 대해 발표한 연구 성과[2]를 살펴볼 수 있다. 그리고 이와 같이

1) 이희환, 「근대 인천의 문학지리」, 『인천근현대문화예술사 연구』, 인천문화재단, 2009, 221~224면.
2) 이희환, 「근대 인천과 지역문학 1-해방 이전의 인천과 근대문학」, 『황해문화』, 1998년 가을호, 251~279면.
_____, 「근대 인천과 지역문학 2-분단시대의 인천과 문학」, 『황해문화』, 1998년 겨

문학을 통해 인천의 정체성을 탐색하고자 하는 노력은 최근까지도 지속되고 있다.[3] 그럼에도 불구하고 이와 같은 연구가 아직까지도 단편적으로 진행되고 있을 뿐 본격적인 단계에까지는 이르고 있지 못하고 있다는 점이, 본 연구의 출발점이 된다.

특히 본 연구와 관련해서 이 방면의 연구가 본격적으로 이루어지기 위해서는 연구 대상으로서 인천 시편에 대한 정리부터 제대로 이루어져야 한다고 판단되는데, 아직까지는 그렇지 못한 것이 사실이라고 할 수 있다. 지금까지 인천 시편을 묶어 놓은 것으로는, 이희환의 「인천 시편(詩篇)」[4]과 조영숙의 「바다와 섬, 배와 항구, 그리고 인천을 노래한 시작품(詩作品)들」[5], 김철성의 『꽃섬에서 부르는 노래』[6], 연수문화원 엮음 『지도가 있는 시(詩) 속의 인천』[7] 등이 있다. 그런데 이들이 지니고 있는 나름대로의 가치에도 불구하고, 여기에 수록된 작품들을 모두 인천 시편으로 볼 수 있는가에 대해서는 논란의 여지가 있을 수 있다.

울호, 332~359면.

3) 최근에 이루어진 이 방면의 대표적인 연구 성과로는, 오양호의 「인천학(仁川學)의 '문학지리학'적 접근」(『인천학연구』17, 2012. 8.)과 「문학 속의 인천 심상, 그 문학지리학적 접근(2)」(『인천학연구』19, 2013. 8.) 등 두 편의 논문, 그리고 인하대학교 한국학연구소에서 편한 『문학 속의 인천, 인천의 문학』(글로벌콘텐츠, 2014)을 들 수 있다.

4) 이희환, 「인천 시편(詩篇)」, 『황해문화』, 1996년 겨울, 99~153면. 여기에는 필자가 선정한 35편의 인천 시편이 수록되어 있다.

5) 조영숙, 「바다와 섬, 배와 항구, 그리고 인천을 노래한 시작품들」, 『학산문학』, 2002년 여름, 102~132면. 여기에는 필자가 선정한 38편의 인천을 노래한 시작품들이 실려 있다.

6) 김철성 엮음, 『꽃섬에서 부르는 노래』, 삼정, 2003. 여기에는 '동구향토시(東區鄕土詩)' 66편이 수록되어 있다.

7) 연수문화원 엮음, 『지도가 있는 시(詩) 속의 인천』, 혜화당, 2009. 이 책에는 최성민 교사 지도로 광성고등학교 '인천문화연구부' 동아리 학생들이 선정한 73편의 인천 시(詩)가 실려 있다.

그 단적인 예로 우선 정지용의 시「슬픈 인상화」의 경우8)를 들 수 있다.9) 왜냐하면 이 시에서 항구의 풍경은, 한국의 다른 지역보다 먼저 개화된 인천의 그것일 수도 있지만, 당시 그가 유학 가 있던 교토에 가까이 있는 고베의 그것일 수도 있기 때문이다.10) 특히 이 시의 시간적 배경을 나타내는 "첫녀름의 저녁 때……"11)라는 구절에서 '첫녀름'을, 창작 연대를 고려하여 그가 일본에 유학 가 처음 맞이하게 된 여름의 의미로 해석하게 된다면, 이 시에서 '애시리(愛施利)·황(黃)'이 상해로 떠나는 항구는 고베일 가능성이 높다. 또한「내 맘에 맞는 이」에서도 이 시가 인천 시편임을 알 수 있게 해주는 확실한 단서를 찾을 수 없음은 마찬가지다. 만약 이 시 3연의 '홍예문'에서 그 실마리를 찾았다면 이는 오해이기 쉽다. 왜냐하면 이 단어가 포함된 "큰말 타신 당신이/쌍무지개 홍예문 틀어세운 벌로/내달리시면"12)이라는 구절 전체를 살펴볼 때, 여기서 홍예문은 단지 무지개를 뜻하는 보통 명사이지 인천의 그것을 지칭하는 고유 명사로 쓰인 것으로 보기는 어렵기 때문이다. 더욱이 이뿐만 아니라「무어래요」·「숨ㅅ기 내기」·「비ㅅ들이」등 네 편의 시는 '민요풍시편'이라 하여 1927년 2월『조선지광』에 함께 발표된 작품인데, 이들 시에서 도시

8) 이희환, 「인천 시편」, 앞의 책, 103면.
   조영숙, 「바다와 섬, 배와 항구, 그리고 인천을 노래한 시작품(詩作品)들」, 앞의 책, 109~110면.
9) 황규수, 「조병화 시와 인천 지역 문학」, 『인하어문연구』 제7호, 인하어문연구회, 2006. 2, 88~89면. 이에 대해서는 필자가 앞서, 변영로의 경우와 같이 이 논문에서 좀 더 상세하게 언급한 바 있다.
10) 사나다 히로코, 「모더니스트 정지용 연구」, 인하대학교 대학원 박사학위논문, 2001. 2, 99~103면.
11) 김학동 편, 『정지용 전집』[1], 민음사, 1993, 17면.
12) 위의 책, 40면.

의 분위기를 느끼기는 쉽지 않기 때문이다.13)

또한『지도가 있는 시(詩) 속의 인천』에는 김지하의 시「황톳길」14)
이 포함되어 있다. 이 시가 수록된 지면의 끝 부분에 보면, "오정포산
의 본 이름은 응봉산인데, 일제 때 이곳에 있던 인천 측후소에서 오
점에 소형 산포를 발사해 오정포산이라 부르게 되었다."라는 주석의
내용으로 보아, 이 시에 '오포산'이라는 지명이 나오기 때문에 이 시
가 이 책에 실린 것으로 이해할 수 있다. 그러나 '오포대'가 김지하
시인의 고향인 목포에도 있다는 점은 특히, 이 시를 인천 시편에 포
함하는 것에 대해 쉽게 수긍하기 어렵게 한다.

이외에 현재 인천의 행정 구역에 포함되어 있지 않은 군자를 시의
배경으로 취하고 있는 작품들15)이나, 인천이 시의 배경임이 분명치
않은 작품들16)도 이에 포함한 점 등은, 문제점으로 지적되지 않을
수 없다.

물론 한국문인협회 인천광역시지회에서 펴낸『작고 인천 문인 선
집·1(시)』(2008)를 비롯하여,『인천문인대표작선집(1)』(1993),『협궤
열차에의 추억』(1996),『인천문학상 수상 작품집』(2013) 등의 선집에
도 인천 시편이 수록되어 있는 것이 눈에 띈다. 그럼에도 불구하고
여기 실려 있는 일련의 작품들을 검토해 보면, 인천을 시의 소재나

---

13) 황규수,『한국 현대시의 공간과 시간』, 한국문화사, 2004, 187~188면.
14) 김지하,「황톳길」, 연수문화원 엮음, 앞의 책, 51~53면.
15) 이희환이「인천 시편」에 포함한 작품 중, 조병화의「군자리」와 신경림의「군자에서」가
    이에 해당되는 시다.
16) 이희환이「인천 시편」에 포함한 작품 중, 김기림의「파도소리 헤치고」, 오장환의「가거
    라 벗이여-흑인병사 L.S. 브라운에게」, 김동석의「어촌의 밤」과「바다」, 여상현의「근
    해」, 조병화의「귀향」, 조병화의「다방 해협」, 신경림의「항구」등이 이에 해당되는
    시들인데, 이들 작품에 대해서는 좀 더 신중한 검토가 요망된다 하겠다.

배경으로 취하고 있거나, 인천과 간접적으로라도 관련된 시들보다는 그렇지 않은 작품들이 더 많이 실려 있는 것을 파악할 수 있다.

따라서 본 연구에서는 먼저, 지금까지의 연구 성과를 바탕으로 일제강점기 때로부터 최근에 이르기까지 인천을 시의 소재 및 배경으로 취하고 있는 인천 시편들을 조사하여 목록화하고, 이를 토대로 이 작품들에 대해 지리학적 측면에서 접근하여, 시인의 심상이 작품을 통해 어떻게 나타나는가를 파악할 뿐만 아니라 인천의 정체성에 대해서도 본격적으로 탐구함으로써 인천학으로서 인천에 대한 연구의 한 기틀을 마련코자 한다.

2. 연구사 개관

인천을 탐구의 대상으로 한, 문학지리학적 연구는, 인천광역시 역사자료관과 인천대학교 인천학연구원 등의 연구 과제로 많이 진행되어 왔다. 앞에서 언급한 이희환과 오양호 이외에, 이원규,[17] 신연수,[18] 최원식[19] 유윤식,[20] 안정헌,[21] 이태희,[22] 이현식,[23] 조우

---

17) 이원규, 「국토와 문학(8)−인천」, 『문예중앙』, 1988. 겨울호.
　　　, 「인천의 바다와 현대문학」, 『동서문학』, 1995. 12.
　　　, 「문학작품의 공간으로서의 인천」, 『학산문학』, 2006. 여름호.
18) 신연수, 「초창기 인천의 문예활동」, 『학산문학』, 1992. 겨울호.
　　　, 「인천문단의 어제와 오늘(2)」, 『학산문학』, 1993. 봄호.
　　　, 「문둥이 시인 한하운의 문학과 생애」, 『학산문학』, 1998. 겨울호.
19) 최원식, 「경인선의 문화지리」, 『황해에 부는 바람』, 다인아트, 2000.
　　최원식·김윤식[토론], 「인천문학이 지나온 길, 나아갈 길」, 『학산문학』, 2008. 여름호.
20) 유윤식, 「인천 시인들의 시적 경향 연구」, 『인천학연구』창간호, 2002. 12.
21) 안정헌, 「대중일보 소재 문학연구」, 『인천학연구』2−1호, 2003. 12.
22) 이태희, 「인천지역 문학동인지 연구(Ⅰ)」, 『인천학연구』제3권, 2004. 9.

성,24) 이영태,25) 조성면,26) 이준희,27) 윤영천,28) 김윤식,29) 등이 이룬 연구 성과도, 이와 같은 연구의 밑바탕을 이루고 있는 것으로 볼 수 있다. 물론 필자도 인천광역시 역사자료관에서 발행한,『인천 개항장 풍경』30)의 집필위원 중 한 사람으로 참여한 바 있다. 또한 인천문화재단에서 엮은『인천근현대문화예술사 연구』31)뿐만 아니라, 최근 인하대학교 한국학연구소에서 편찬한『문학 속의 인천, 인천의 문학』32)도 이러한 연구 성과 중의 일부로 꼽을 수 있다. 그럼에도 불구하고 이들 연구가 아직까지는 단편적으로 진행되고 있어 한계를 지니고 있다는 점 또한 인정하지 않을 수 없는 것이 사실이다.

3. 연구 방법 및 대상

본 연구에서는 일제강점기 때로부터 최근에 이르기까지 인천을 시의 소재 및 배경으로 취하고 있는 인천 시편들에 대해 지리학적 측면에서 접근하여, 시인의 심상이 작품을 통해 어떻게 나타나는가를 파

23) 이현식, 「대중문화에 나타난 인천 이미지 연구」, 『인천학연구』제3권, 2004. 9.
24) 조우성, 『인천이야기 100장면』, 인아트, 2004.
25) 이영태, 「일제 강점기 대중가요에 나타난 '인천'」, 『인천학연구』제4권, 2005. 2.
26) 조성면, 「철도와 문학-경인선 철도를 통해서 본 한국의 근대문학-」, 『인천학연구』제4권, 2005. 2.
27) 이준희, 「일제시대 인천 지역의 대중음악적 위상」, 『인천학연구』제9권, 2008. 8.
28) 윤영천, 「배인철의 흑인시와 인천」, 『형상과 비전』, 소명출판, 2008, 121~151면.
29) 김윤식, 「인천 문학예술의 현황과 과제」, 『예술문화비평』, 2012년 여름.
30) 인천광역시, 『인천개항장풍경』, 인천광역시 역사자료관, 2006, 37~77면.
31) 인천근현대문화예술사 편찬위원회, 『인천근현대문화예술사 연구』, 인천문화재단, 2009.
32) 각주 3) 참조.

악할 뿐만 아니라 인천의 정체성에 대해서도 본격적으로 탐구해 보
고자 한다고 했다. 그래서 필자는 먼저 이미 간행된 시선집에 수록된
작품들부터 검토의 대상으로 삼았다.

앞의 '연구 목적 및 필요성' 부분에서 언급한 바와 같이 우선 이희
환의 「인천 시편(詩篇)」[33]과 조영숙의 「바다와 섬, 배와 항구, 그리
고 인천을 노래한 시작품(詩作品)들」[34], 김철성의 『꽃섬에서 부르는
노래』[35], 연수문화원 엮음 『지도가 있는 시(詩) 속의 인천』[36]에 실
린 총 212편을 분석해 보았을 때, 이들 가운데 인천을 시의 소재나
배경으로 취하고 있거나, 인천과 간접적으로라도 관련된 시들은 199
편이었다.

그리고 한국문인협회 인천광역시지회에서 펴낸 『작고 인천 문인 선
집·1(시)』(2008)[37]를 비롯하여, 『인천문인대표작선집(1)』(1993)[38], 『협
궤열차에의 추억』(1996)[39], 『인천문학상 수상 작품집』(2013)[40] 등의 선
집에서 인천 시편으로 파악될 수 있는 것은, 모두 24명의 시인이 창작한

---

33) 각주 4) 참조.
34) 각주 5) 참조.
35) 각주 6) 참조.
36) 각주 7) 참조.
37) 이 선집에는 배인철(5), 송서해(5), 이석인(1), 최경섭(1), 최무영(1), 최성연(1), 최승
    렬(3), 최시호(1) 등 8명의 시인이 창작한 18편의 인천 시편이 수록되어 있다. ( )
    속의 숫자는 작품 편수임.
38) 이 선집에는 김인호(1), 박경순(1), 이복영(1), 이영유(1), 임평모(1), 최무영(2), 최일
    화(1) 등 7명의 시인이 창작한 8편의 인천 시편이 수록되어 있다. ( ) 속의 숫자는
    작품 편수임.
39) 이 선집에는 윤제림(1), 이창기(1), 채성병(3) 등 3명의 시인이 창작한 5편의 인천 시편
    이 수록되어 있다. ( ) 속의 숫자는 작품 편수임.
40) 이 선집에는 김윤식(1), 박경순(1), 이영유(1), 이효윤(1), 임노순(3), 채성병(2) 등 6명
    의 시인이 창작한 9편의 인천 시편이 수록되어 있다. ( ) 속의 숫자는 작품 편수임.

40편이었다.

또한 필자는 한국문인협회 인천광역시지회 및 인천작가회의 시분과 소속 회원들에게 '2014년 인천학연구원 연구사업 저서과제-『한국 현대시와 인천 심상지리(心象地理)』 작품조사 참여 요청'41) 서신을 전자 우편으로 발송하여 23명의 시인들로부터 답신을 받을 수 있었다.42)

이처럼 기존의 연구 성과 및 창작 시인들의 답신 내용은, 필자가 처음 시인별로 인천 시편을 검토하고 분류하여 작품 목록을 표로 작성하는 데에 밑바탕이 되었다. 그래서 여기에다 필자가 다시 이미 간행된 개인시집 및 전집, 문예지 등에 수록된 인천 시편들을 찾아 시인별로 정리하고자 했다. 이에 따라 이를 정리하여 표로 만든 것이 [부록2]의 〈인천 시편의 시인별 분류표〉이다. 지금까지 180명의 시인이 창작한 1,025편의 인천 시편을 시인별로 분류해서 작품명과 수록지(시집), 배경 등을 일목요연하게 파악할 수 있도록 정리해 놓은 것이다. 물론 아직까지는 문예지 및 동인지 등에 실려 있는 시들까지 세밀하게 검토하여, 이를 반영한 상태는 아니다. 그럼에도 불구하고 이들 작품은 이것들만으로도, 본 연구를 수행하는 데에 적은 양은 아니라고 판단된다.

---

41) [부록1] 참조.

42) 필자는 두 차례-2014년 3월 2일과 5월 19일-에 걸쳐 '2014년 인천학연구원 연구사업 저서과제-『한국 현대시와 인천 심상지리(心象地理)』 작품조사 참여 요청' 서신을 전자 우편으로 발송하였는데, 김의중·김춘·류제희·명서영·박기올·박일·심종은·오명선·이태희·임봉주·정경해·조우성·최일화·태동철 등 한국문인협회 인천광역시지회 소속 시인 14명과 김명남·김영언·김정희·박일환·신현수·이기인·정세훈·정충화·최성민 등 인천작가회의 소속 시인 9명으로부터 답신을 받을 수 있었다. 물론 이들 단체에 소속되어 있지는 않지만 답신을 주신 김철성 시인 등 협조해 주신 여러분들께 이 자리를 빌려 다시 감사의 말씀을 드린다.

　따라서 본 연구에서는 먼저, 이 작품들을 시의 공간의 특성에 따라 유형 분류할 것이다. 그리고 인천의 지리와 관련하여 작품을 분석하고 해석하며 비평해 봄으로써, 시인의 인천에 대한 인식과 심상이 작품을 통해 어떻게 나타나는가를 구체적으로 파악하고자 하는 것이, 본 연구의 목적에 따른 방법이다.

제2장

인천 시편의 분류

1. 인천 시편의 시인별 작품 수 분류

　앞에서 필자는, 인천을 시의 소재나 배경으로 취하고 있거나, 인천과 간접적으로라도 관련된 시를 인천 시편이라 하고, 일제강점기 때로부터 최근에 이르기까지 창작된 시들을 모아, [부록2]의 표로 정리한다고 했다. 그런데 이들을 시인이 창작한 작품 수별로 다시 분류해 보면, 아래와 같이 간략한 표로 볼 수 있다.

〈표1〉 인천 시편의 시인별 작품 수 분류

작품 수	시인	시인 수	작품 수 합
1	강태열, 고유섭, 고은영, 곽연화, 권경업, 권영준, 권용태, 김경식, 김광균, 김구연, 김기림, 김동환A, 김상학, 김소월, 김연대, 김영호, 김원옥, 김월준, 김윤자, 김인호, 김정자, 김중식, 김진학, 김해자, 나태주, 남현숙, 노두식, 노향림, 랑승만, 랑　정, 문정희, 문추자, 박　송, 박인환, 박정대, 박팔양, 박현조, 박흥식, 방민선, 방우달, 방철호, 서상만, 손설향, 송재학, 신중균, 안태근, 오명선, 유인채, 유자효, 윤강로, 윤부현, 윤제림, 윤희상, 이경림, 이교상, 이근배,	87	87

	이남숙, 이도윤, 이병창, 이복영, 이상범, 이설야, 이성률, 이은봉, 이창기, 이혜란, 임동윤, 임평모, 임호권, 전병호, 정평림, 정호승, 정희성, 조오현, 최경보, 최두석, 최병두, 최상호, 최시호, 최전엽, 최정례, 최제형, 한도훈, 한응락, 함용정, 허문태, 황지우		
2	김남주, 김연신, 김의중, 김춘수, 나덕춘, 배선옥, 변희경, 유정임, 유종인, 이경자, 이인석, 이희란, 장현기, 정지용, 정충화, 최경섭, 최성연, 최 정, 한하운, 허선화	20	40
3	김동환B, 김순자, 김학균, 명서영, 엄태경, 오사라, 이대영, 이영유, 이효윤, 임노순, 임봉주, 정민나, 한창원	13	39
4	고 은, 권숙이, 김 춘, 박일환, 오장환, 이석인, 이태희, 최승렬, 홍명희	9	36
5	박영근, 박형준, 배인철, 이기인, 조영숙, 조우성, 조혜영, 천금순, 최무영, 함민복	10	50
6	김기영, 김명남, 김철성, 송서해, 한상억	5	30
7	김연식, 김윤식, 박기을, 박몽구, 박서혜, 임선기, 조병화	7	49
8	이가림, 이병춘, 최병구	3	24
10	김영승, 최성민, 최일화, 태동철	4	40
11	박 일, 심종은, 채성병	3	33
13	한기철	1	13
14	구경분, 신현수, 장석남, 장종권	4	56
15	류제희, 백서은	2	30
16	정세훈	1	16
18	한연순	1	18
19	김정희	1	19
24	정경해	1	24
28	호인수	1	28
30	박경순	1	30

32	이세기	1	32
33	김영언	1	33
63	송영욱	1	63
65	하종오	1	65
79	노희정	1	79
91	이종복	1	91
합		180	1,025

위의 표에서와 같이 180명의 시인이 1,025편의 시를 창작한 것을
볼 수 있다. 그런데 이 중 한 권의 개인시집에 수록된 시들이 모두
인천 시편으로 이루어져 있는 것은, 송영욱의『강화도』[1]와 하종오의
『신강화학파』[2], 노희정의『강화도』[3] 등이다. 이 세 권의 시집에 실
려 있는 207편의 작품들은 전부, 강화도와 직접 또는 간접적으로 관
련된 시들이어서 이들을 모두 인천 시편에 포함하여 논의를 전개하
는 것은 당연한 일이다. 그렇지만 그 작품 수가 실로 적지 않아 이들
에 대한 좀 더 구체적인 논의는 따로 자리를 마련하여 전개해 나갈
필요가 있다 하겠다.

이와 같이 한 권의 개인시집에 수록된 시들이 모두 인천 시편은 아
니라 할지라도, 대체로 이들로 엮어진 시집으로는, 이종복의『신도
포기한 동네에서 아침을』[4]과『신포동, 그 낯익음에 대한 낯설음』[5]

---

1) 송영욱,『강화도』, 한국문화사, 2009.
2) 하종오,『신강화학파』, 도서출판 b, 2014.
3) 노희정,『강화도』, 우리글, 2008. 이생진 시인이 시집의 발문에서도 밝혀 놓은 바와
   같이, "솔밭 속에 아담한 문학관을 지어 많은 사람들에게 문학을 가까이 할 수 있는
   공간을 제공하면서 자기는 자기대로 강화도를 누비며 시를 쓰고 있는", 노희정 시인에
   의해 상재된 시집『강화도』에는, 전체 5부에 걸쳐 79편의 시가 수록되어 있다.
4) 이종복,『신도 포기한 동네에서 아침을』, 다인아트, 2002.

을 꼽을 수 있다. 두 시집에는 전부 139편의 시가 실려 있는데 이 가운데 48편을 제외한 나머지 91편은 인천 시편으로 볼 수 있는 것들이다. "부재하는 아버지의 공백을 메우자고/딱 일 년만 방앗간 일을 하자했는데/벌써 이십 년이 흘렀다."[6]라는 시구절처럼 신포동에서 떡방앗간을 운영하며 시를 쓰는 시인이, "고인이 되신/나의 아버님처럼/첫새벽에 일어나서/떡을 치고/주무르고/모양을 내고……",[7] 하듯 그렇게 빚어낸 것이 그의 시들이다. 그래서 그의 시들에서는 "낡아빠진 시장에서/분진처럼 떠돌다가 우연히 뿌리내린/홀씨"[8]처럼 살아가는 나와 이웃들의 삶에 대한 고뇌와 함께 깨달음을 엿볼 수 있는 것이 특징이다. 또한 "근대 개항의 처녀지에서/한 시대의 수름은/왜, 자꾸만 깊어 가는 것일까?"[9]라는 시구절처럼 근대 개항의 처녀지인 신포동에서 힘들게 살아갈 수밖에 없는 시대적 아픔이 드러나 있는 것도 눈에 띈다.

한편 인천 시편을 여러 편 창작한 시인들의 작품을 구체적으로 살펴보면, 연작시(連作詩) 형태를 취하고 있는 시들이 많다는 것을, 그 주된 특성 중 하나로 일컬을 수 있다. 박일의 「인천비」1~6,[10] 한기철의 「송도」1~8,[11] 장종권의 「숭의동」1~5,[12] 류제희의 「소래마을」1~13,[13] 백서은의 「동인천」1~15,[14] 정경해의 「인천」31~55,[15] 호

---

5) 이종복, 『신포동, 그 낯익음에 대한 낯설음』, 다인아트, 2009.

6) _____, 「설날 큰 형님의 전화를 받는다」, 위의 책, 44면.

7) _____, 「글머리에」, 『신도 포기한 동네에서 아침을』, 다인아트, 2002, 3면.

8) _____, 「신포동에서 아침을·1」, 위의 책, 17면.

9) _____, 「신포동에서 아침을·3」, 위의 책, 21면.

10) 박일, 「인천비」1~6, 『사랑에게』, 서해, 1992.

11) 한기철, 「송도」1~8, 『하늘바라기』, 소설, 2001.

12) 장종권, 「숭의동」1~5, 『누군가 나의 방문을 두드리고 갔습니다』, 인화, 1991.

인수의 「백령도」1~21,[16] 박경순의 「연안부두」1~10[17] 등이 그 대표
적인 예에 해당되는 시들이다. 그래서 실제 이들 시를 검토해 보면
시적 공간으로서의 그 '대상에 대한' 또는 그 '대상에서의' 관찰과 함
께 느낌을 시로써 연이어 나타낸 것을 볼 수 있게 된다.

> ① 전라도 꽃순이 돈 벌러 왔다. 감꽃처럼 뽀얀 가슴 안고 빈 게딱
> 지 다닥다닥 엎어진 판잣집 동네 돈 벌러 왔다. 대성목재 톱밥가루 뒤
> 집어쓰고 마른버짐 뜯어내며 돈 벌러 왔다. 동일방직 공순이가 되어
> 달거리 하듯 거르지 않는 피 같은 월세 마련에 돈 벌러 왔다. 끼니 거
> 르며 목숨 바치며 돈 벌러 왔다. 보따리 질질 끌고 돈 벌러 왔다. 인
> 천극장 구름다리 넘어가는 교복 입은 아이들 뒤통수 훔쳐보며 돈 벌
> 러 왔다. ABCDEFG 소리 없이 외치며 돈 벌러 왔다.
> 괭이부리마을에 꽃순이 돈 벌러 왔다.
>
> > ─「인천 35─괭이부리마을」 전문

> ② 화평동 냉면골목에 가면
> 저마다 이마에 원조(元朝)를 써 붙인
> 냉면집 조상들이 모여 있다
>
> ……(중략─필자)……
>
> 세숫대야 한가득 정이 철철 넘쳐

---

13) 류제희, 「소래마을」1~13, 『논현동 577번지』, 메세나, 2003.
14) 백서은, 「동인천」1~15, 『하루 안에 있는 그대』, 자료원, 1998.
15) 정경해, 「인천」31~55, 『미추홀 연가』, 문학의전당, 2012.
16) 호인수, 「백령도」1~21, 『백령도』, 실천문학사, 1991.
17) 박경순, 「연안부두」1~10, 『이제 창문 내는 일만 남았다』, 포엠토피아, 2002.

절로 콧노래를 부르는

화평동에 가면
인천 짠물의 푸근한 인심을 만날 수 있다
- 「인천 44 -세숫대야 냉면」 부분

위에 인용한 두 편의 시는 정경해의 「인천」 연작시 35와 44인데, 산문시와 자유시로 형태상 대비되는 특성을 보이고 있다. 이를 통해 인천의 두 동네인 괭이부리마을과 화평동의 특징적인 면을 잘 살려 시로써 나타내고 있는 것이다. 특히 시①에서는 "돈 벌러 왔다"라는 구절을 반복해서 씀으로써, '꽃순이'로 상징되는 여공들이 이곳에 거주하며 돈을 벌기 위해 힘들게 살아왔음을 보여주고 있다. 또한 시② 에서는 세숫대야 냉면으로 유명한 화평동의 독특한 특징을 "철철 넘치는 정", 또는 "푸근한 인심"과 연관 지어 나타내고 있다. 이처럼 "북성동, 송현동, 만석동 성냥공장, 소래염전, 숭의동, 소래포구 꽃게, 월미도, 팔미도 등대, 송도국제도시, 화수부두 할머니, 배다리, 만수동 향촌지구" 등의 부제가 쓰여 있는, 그의 「인천」 연작시에는 그곳만이 지니고 있는 특징적인 면이 잘 표현되어 있다. 그래서 이를 통해 넓게는 인천 지역의 특성을 잘 이해할 수 있다. 그럼에도 불구하고 연작시라 하면 그 전체가 상호간에 연관성도 있어야 한다는 점을 고려한다면, 이에 대한 깊이 있는 성찰도 요망된다 하겠다.

이렇게 연작시로 쓰거나 개인시집의 상당히 많은 부분을 차지하게 할 정도로 여러 편의 인천 시편들을 남긴 시인들도 있지만, 위의 〈표1〉 '인천 시편의 시인별 작품 수 분류표'를 보아 알 수 있는 바와 같이,

지금까지 인천 시편을 쓴 180명의 시인 중 1~2작품만 창작한 시인의 수가 107명이나 된다. 이는 인천 시편이 다양한 시인들에 의해 폭넓게 전개되어 왔음을 의미하는 것이기도 하여, 이에 대한 전반적인 논의 또한 함께 진행되어야 할 것으로 판단된다. 더욱이 이들 시인 중에는 한국 현대시문학사에서 중요한 위치를 차지하는 사람들도 많이 포함되어 있고, 이들의 시에서 다루어지는 내용 또한 단지 인천 지역에만 국한된 것이 아니라는 점은, 이와 같은 논의가 한국 현대시 전반에 대한 그것으로 폭넓고 심도 있게 전개되어야 함을 제시해 주는 것이라 하겠다.

한편 이 자리에서 연구 대상으로 삼고 있는 1,025편의 시를, 발표 연대에 따라 10년 단위로 다시 분류해 보면, 1920년대 6편, 1930년대 5편, 1940년대 5편, 1950년대 4편, 1960년대 3편, 1970년대 1편, 1980년대 36편, 1990년대 124편, 2000년대 607편, 2010년부터 2014년까지 222편 등으로,[18] 1990년대부터 작품 수가 급증된 것을 볼 수 있는데, 이와 같은 시의 발표 연도 또한 작품을 분석 및 평가하는 데에 도움이 될 만한 자료라 판단되어 참고하고자 한다.

2. 인천 시편의 시적 공간

인천 시편의 다양한 전개 양상을 폭넓게 살펴보기 위해서는, 이들

---

18) 1920년대부터 2014년까지 인천 시편으로 발표된 작품 수는 모두 1,013편이어서 본래 연구 대상으로 삼고 있는 1,025편보다 12편이 부족한 것을 볼 수 있는데, 이는 이 12편의 작품들을 쓴 시인들이 필자에게 이를 소개하면서 발표 연도를 밝혀 주지 않았기 때문에 발생된 결과이다.

시가 인천과 직접적으로나 간접적으로 어떻게 관련되는가를 파악하
는 것이 선행되어야 할 것이다. 그래서 [부록2]의 〈인천 시편의 시인
별 분류표〉 '소재 또는 배경'란에 기술된 내용을 바탕으로 해서, 인천
시편을 대상으로 그 시가 취하고 있는 소재나 배경 등을 분석하여 표
로 정리해 보면 다음과 같다.

〈표2〉 인천 시편의 시적 공간별 작품 분류

횟수	시적 공간	작품 수	작품 수 합
1	간산중학교, 거마산, 경동, 경인고속도로변, 경인팔경, 경인합승, 계산동, 공회당 터, 관모산, 금창동, 길병원 신축 공사장, 능허대, 당섬근방, 동춘동, 동터, 만수동, 만월산, 맥아더 장군, 모래내시장, 문갑도, 문학동, 방축동 골목시장 입구, 백석, 백아도, 봉재산, 부개역, 부평시장역, 부평역 앞, 부평지하상가, 부평향교, 산곡동, 서곶, 서포리, 송현샘 교회, 수봉산, 수인선 철도, 신기촌시장, 신흥초등학교, 실버스타호, 십리포, 싸리재, 옐로우 하우스, 옥련동, 운서동 들녘, 울섬, 원인재역, 이작도 부두, 인천시문화회관, 인천역, 인천 문단시절, 장봉도, 장수동 은행나무, 장수산, 전동 거리, 제물포역 뒤켠, 조개고개, 주부토로, 주안묘지, 주안역 앞 지하상가, 주안 천주교회, 중국인 마을, 카페 바그다드, 풀등, 한진여, 항구, 항동, 향지여관, 홈플러스 작전점, 황굴고개, 황해, 흐르는 물	71	71
2	가좌동, 경서동, 경인가도, 괭이부리마을, 동구, 동암역(근처), 무의도, 문학 경기장(조성지), 미추홀, 백석산 천주교 공원묘지, 부평 망우리, 서구, 소야도, 소청도(근해), 송림국민학교, 송월동, 아암도, 옹진, 용현동(물텀벙), 우리 동네(마을), 이 땅, 인천각, 인천시청, 청라도(분교), 청천동, 한월리, 홍예문, 화교예배당	28	56
3	경인선, 굴업도, 남동공단, 도화동, 동막, 먹염바다, 부처산, 석바위 (지하상가, 시장), 송학동, 송현동(시장), 신흥동, 월미산, 율목동 (의장지), 인천 사람들, 창영동, 화도진	16	48
4	구월동, 답동 (성당), 대청도, 만석동, 만석부두, 북성동(부두),	12	48

	십정동 (도살장), 연평도, (월미도) 흑인부대, 인천공항, 인천교, 화수동(무네미)		
5	덕적(군)도, 도원동, 수도국산, 팔미도 (등대), 화수부두	5	25
6	계양산, 소래산, 인천 성냥 공장 (아가씨), 인천 앞바다, 주안(염전자리, 5공단), 학익동, 화평동	7	42
7	배다리, 제물포 (풍경)	2	14
8	수문통, 청량산	2	16
9	영흥도	1	9
10	숭의동(삼거리), 영종도, 용유도, 작약도	4	40
12	을왕리, 인천항	2	24
14	자월도(한리포)	1	14
15	문학산(연경산, 배꼽산)	1	15
16	동인천	1	16
18	부평, 자유공원(만국공원)	2	36
21	송도(역, 유원지, 국제도시)	1	21
23	송림동	1	23
27	연안부두	1	27
37	인천	1	37
42	신포동, 월미도(월미바다)	2	84
44	백령도	1	44
56	소래(포구, 마을, 소금창고)	1	56
259	강화도	1	259
합		164	1,025

위의 표에서와 같이 1,025편의 인천 시편이 취하고 있는 소재 또는 배경은, 164가지임을 알 수 있다. 인천을 전반적으로, 혹은 그 일부를 그것으로 취하는 인천 시편의 가짓수가 이 정도에 이른다는 점

을 알 수 있는 것이다. 물론 작품에 따라서는 소재 또는 배경이 한 가지로만 파악될 수 없는 경우도 더러 있다. 그렇지만 그럴 때에도, 논의 전개의 편의를 위하여 부득이, 주된 특성을 보이는 면을 반영하여 한 가지로 구분하였다. 그 결과, 얻은 것이 〈표2〉인데, 이를 바탕으로 인천의 지리적 측면을 고려하여 그 관련성에 따라 논의를 전개하면 다음과 같다.

제3장

한국 현대시에서의 인천 인식과 심상

1. 인천과 인천항, 그리고 인천사람들

1) 인천 또는 제물포와 인천항

한국 현대시에서 인천을 소재 또는 배경으로 제일 처음 창작된 시로, 김소월의 「밤」을 꼽을 수 있다. 물론 이건창의 한시 「숙광성진기선중새신어(宿廣城津記船中賽神語)」가 이보다 먼저 창작된 것이 사실이기는 하다.[1] 그러나 이는 한글시가 아닌 것이다. 그래서 김소월의 이 시를 보면 당시 인천이 어떠한 곳이었는가를 짐작해 볼 수 있다.

> 홀로 잠들기가 참말 외로워요
> 맘에는 사무치도록 그리워와요
> 이리도 무던히
> 아주 얼굴조차 잊힐 듯해요.
>
> 벌써 해가 지고 어두운데요,

---

1) 조영숙, 앞의 글, 104~105면.

이곳은 인천(仁川)에 제물포(濟物浦), 이름난 곳,
부슬부슬 오는 비에 밤이 더디고
바닷바람이 춥기만 합니다.

다만 고요히 누워 들으면
다만 고요히 누워 들으면
하얗게 밀어드는 봄 밀물이
눈앞을 가로막고 흐느낄 뿐이어요.

–「밤」전문

이는 1920년대 한국문학사에서 대표적 시인의 한 사람으로 꼽히는
김소월의 시집 『진달래꽃』(1925)에 수록되어 있는, 시 「밤」이다. 물
론 이 시는 1922년 2월 『개벽』 제20호에 발표되었던 작품으로, 이
시에는 그의 다른 여느 시들과 마찬가지로 누군가에 대한 그리움의
정서가 잘 나타나 있다. 여기서 인천 제물포가 시의 주된 표현 대상
은 아니지만, 당시 상당히 유명했던 곳이었음을 알 수 있게 된다.

다음으로 주목되는 작품은, '한국 미학의 선구자'로 일컬어지기에
손색이 없는, 우현(又玄) 고유섭(高裕燮, 1905~1944)의 시조 「경인팔
경」과 「해변에 살기」이다. 1905년 인천 용리(龍里, 지금의 용동)에서
출생하여 1918년 인천공립보통학교(현재 창영초등학교)를 졸업하고,
1920년 경성의 보성고보에 입학하여 기차로 통학하며 다니던 시절
그는, 문학청년이었다. 당시 그는 '경인기차통학생 친목회'의 일원으
로 정노풍 등 문학동호인들과 함께 문학작품을 탐독하며, 시와 수필
을 습작하고 발표하면서 민족해방정신을 내포한 문화운동에 참여했

던 것이다. 이와 같은 그의 활동은 이후 경성제대 시절로도 이어져 그는, '오명회(五明會)'및 '문우회(文友會)'등의 활동에 적극 가담하며 문학작품을 다수 발표하게 된다. 1925년『동아일보』에 발표한 시조「경인팔경」을 비롯하여, 같은 해『문우지(文友誌)』창간호에 소개한「해변에 살기」등은, 그 초기작에 해당되는 것들이다. 특히「경인팔경」과「해변에 살기」등의 시에서는 당시 인천의 모습뿐만 아니라 작자의 내면 풍경도 엿볼 수 있어 관심을 끈다.

> 5. 부평(富平) 하경(夏景)
>   청리(靑里)에 백조(白鳥)나라 그빛은 학학(鶴鶴)할시고
>   허공중천(虛空中天)에 우즐이나니 너뿐이도다.
>   어즈버 청구(靑邱)의 백의금수(白衣黔首) 한(恨)못푸러 하노라.
>
> 6. 염전(鹽田) 추경(秋景)
>   물빛엔 흰뫼지고 고범(孤帆)은 아득하다.
>   천주(天柱)는 맑게높어 적운(赤雲)만 야자파(也自波)를
>   어즈버 옛날의 뜻을 그님께 알외과려.
>
> 7. 북망(北邙) 춘경(春景)
>   주접몽(周蝶夢) 엷게치니 홍안(紅顔)도 가련(可憐)토다.
>   춘광(春光)이 덧없산줄 넨들아니 짐작(斟酌)하랴
>   그님아 저건너 황분(荒墳)이 마음에 어떠니
>
> 8. 차중(車中) 동경(冬景)
>   앞바다 검어들고 곁산(山)은 희여진다.

만뢰(萬籟)가 적요(寂寥)컨만 수레소리 요란하다.
이중에 차중정화(車中情話)를 알려적어 하노라.

– 「경인팔경(京仁八景)」 부분

물론 시조 「경인팔경」에 그려져 있는 여덟 가지 아름다운 경치가
모두, 인천에서 볼 수 있는 것은 아니다. 제목에서도 알 수 있는 바와
같이 그것은, 그가 인천의 집에서 서울의 학교까지 기차로 통학하며
다닐 때 그에게 인상 깊었던 장면들을 시조로써 표현한 것이다. 그래
서 서울로부터 인천까지 그가 기차를 타고 이동한 경로에 따라 연시
조 형식으로 엮어진 이 시조에서 인천 지역과 직접 관련된 대상을 접
할 수 있는 것은 후반부의 네 수에서이다. 서울의 '1. 효창원(孝昌園)
춘경'과 '2. 한강(漢江) 추경', '3. 오류원두(梧柳原頭) 추경' 및 '4. 소
사도원(素砂桃園) 춘경' 등이, 인천 관외의 빼어난 풍경이었다면, 그
다음의 '5. 부평 하경'과 '6. 염전 추경', '7. 북망 춘경' 및 '8. 차중
동경' 등은 인천 관내로 들어온 그에게 또다시 시적 표현을 가능케
했던 네 가지 경관이었던 것이다. 물론 여기 그려진 '부평의 학'이나
'주안의 염전', '공동묘지의 황분' 등을 지금 우리는 보기 어렵다. 더
욱이 당시 차중에서 나누던 정담 소리를 이제 더 이상 듣기 쉽지 않
다. 시대 상황의 변화와 함께 경인선 철로 주변뿐만 아니라 차 안의
모습도, 상상할 수 없을 정도로 많이 달라졌음을 실감할 수 있는 것
이다.

2. 고인(古人)의 미추홀(彌鄒忽)은 해변(海邊)이지요
   그러나 성(城)터는 보지 못해요

넘집는 물결이 삼켜 있다가
배앗고 물러갈 젠 백사(白砂)만 남어요

3. 나의 옛집은 해변(海邊)이지요
그러나 초석(礎石)조차 볼 수 없어요
사방(四方)으로 밀처드난 물결이란
참으로 슬퍼요 해변(海邊)에 살기

－「해변(海邊)에 살기」 부분

위의 시 「해변에 살기」에는 작자가 태어나서 자란 고향으로서 인천의
모습이, 현재의 시점에서만이 아니라 그 먼 옛날의 그것과 연관되어
역사적으로 표현되어 있어, 더욱 관심을 끈다. 특히 이 시의 첫 행에
쓰인 '소성'과 같은 지명은, 신라 경덕왕 때부터 불렸던 것이다. 이와
같은 맥락에서 본다면 이 시에서는, 사적(史的)으로는 이처럼 오랜 역사
를 지니고 있지만, 성(城)터와 같은 그 먼 옛날의 흔적조차 찾아볼 수
없는 이곳에서 태어난 작자가, 자신의 옛집의 초석마저 볼 수 없는
슬픈 심정을 시로써 나타낸 것으로 이해된다. 특히 지형적으로 해변에
위치하여 "사방으로 밀처드난 물결"로 표상되는 외세의 침략으로부터
자유로울 수 없었던 여기서의 삶의 실상이, 이 시에는 잘 표현되어
있는 것이다. 이렇게 볼 때 1931년 서울로 이사하기 전까지 줄곧 인천에
서 거주하며 생활한 작자의 삶의 체험이, 그의 시에는 잘 반영되어
있다고 생각된다. 그의 생애와 밀접히 관련된 작품 세계는, 이후 그가
학문적으로 발전해 나가는 데에 있어 그 밑바탕이 되었던 것이다.

1927년 2월 1일 진종혁이 주도하여 인천에서 창간한 문예잡지 『습

작시대』제1호에는 김동환(金東煥)의 「월미도 해녀요」와 박팔양(朴八陽, 1905~?)의 「인천항」 등과 같이 당시 이 지역의 특성을 보다 구체적으로 반영해서 나타낸 시들이 수록되어 있어 주목된다. 특히 여수(麗水) 박팔양의 시 「인천항」에서는, 몇 가지 측면에서 「월미도 해녀요」와 대비되는 시적 특성이 드러난다.

조선의 서편항구 제물포의 부두
세관의 기는 바닷바람에 퍼덕거린다
젖빛 하늘, 푸른 물결, 조수(潮水) 내음새
오오 잊을 수 없는 이 항구의 정경이여

상해로 가는 배가 떠난다
저음의 기적(汽笛) 그 여운을 길게 남기고
유랑(流浪)과 추방(追放)과 망명(亡命)의
많은 목숨을 싣고 떠나는 배다

어제는 Hongkong 오늘은 Chemulpo 또 내일은 Yokohama로
세계를 유랑하는 「코스모포리탄」
모자 삐딱하게 쓰고 이 부두에 발을 나릴제

축항(築港) 「카페ー」로부터는
술취한 불란서(佛蘭西) 수병(水兵)의 노래
「오! 말세이유! 말쎄이유!」
멀리 두고 와 잊을 수 없는 고향의 노래를 부른다

부두에 산같이 쌓인 짐을

이리저리 옮기는 노동자들
당신네들 고향이 어데시요?
「우리는 경상도(慶尙道)」「우리는 산동성(山東省)」
대답은 그것뿐으로 족하다는 말이다

월미도와 영종도 그 사이로
물결을 헤치며 나가는 배의
높디높은 「마스트」 위로 부는 바람
공동환(共同丸)의 깃발이 저렇게 퍼덕거린다

오오 제물포! 제물포!
잊을 수 없는 이 항구의 정경이여

― 「인천항」 전문

정지용 등과 함께 등사판 동인지 『요람(搖籃)』의 제작에 참가하기
도 한 그의 시에는 먼저, 당시 인천항의 모습이 전면적으로 다루어져
있다. 시「월미도 해녀요」에는 월미도 해녀 및 그의 부모와 같이 한
소외된 계층의 삶의 모습이 담겨져 있다면, 이 시에는 과거와 달라진
인천항의 정경이 사실적으로 그려져 있는 것을 볼 수 있는 것이다.
특히 이 중에서도 '세관의 기'·'상해로 가는 배'·'세계를 유랑하는
코스모포리탄'·'술취한 불란서 수병'·'산동성이 고향인 부두 노동
자' 등은 개항 이후 달라진 1920년대 인천 항구의 이국적인 광경을
보여주는 대상들이다. 세계 국제도시로서의 면모를 나타내 주기에
충분한 제재들인 것이다. 이처럼 근대적인 항구 도시로서의 경관이
시각적으로 제시되어 있어 이 시는 모더니즘적이라 할 수 있다. 또한

이와 관련하여 이 시에는 고향에 대한 그리움이 함께 나타나 있는 것이 특징이다. 고향의 노래를 부르는 불란서 수병뿐만 아니라, 산동성또는 경상도가 고향이라는 노동자들에게서 이러한 면을 느낄 수 있게 됨은 자연스러운 것이다. 더욱이 이 시의 2연과 3연에서 '유랑'과'추방'과 '망명'의 많은 목숨이 배를 타고 '떠남'과, 세계를 유랑하는코즈모폴리턴이 부두에 '내림'이 대조를 이루고 있음은, 참으로 인상적이다. 1920년대를 전후하여 국내에서는, 먹고 살기가 어려워서 외국으로 떠나거나, 죄가 없어도 국외로 내쫓기며, 정치적인 이유 등으로 남의 나라로 몸을 피하여 옮기는 사람들이 많았던 데 반해, 국내를 출입하는 세계주의자들의 수는 오히려 증가했던 것이 사실이기때문이다. 이렇게 본다면 시「인천항」에서 '인천항'은 '공동환의 깃발'로 표상되는 일제 강점의 시대 상황에 놓여 있던, 당시 우리 민족의 삶의 현장을 압축해서 상징적으로 나타낸 것으로 이해된다. 이곳은 다름 아닌 그때 우리 국토의 축소판이나 마찬가지였던 것이다.

한국시를 종래의 시에서 현대시의 영역으로 끌어 올리는 데 나름대로 큰 역할을 한 사람 중의 하나로 평가되는, 편석촌(片石村) 김기림(金起林, 1908~?). 그의 제2시집『태양의 풍속』(학예사, 1939)에는,그가 인천을 여행하며 쓴 8편의 시가,「길에서 ─ 제물포 풍경」이라는 큰 제목 아래에 수록되어 있어 관심을 끈다.

　　기차
　　모닥불의 붉음을
　　죽음보다도 더 사랑하는 금벌레처럼
　　기차는

노을이 타는 서쪽 하늘 밑으로 빨려갑니다.

인천역
「메이드·인·아메―리카」의
성냥개비나
사공의 「포케트」에 있는 까닭에
바다의 비린내를 다물었습니다.

조수
오후 두시……
머언 바다의 잔디밭에서
바람은 갑자기 잠을 깨어서는
쉬파람을 불며 불며
검은 조수의 떼를 몰아가지고
항구로 돌아옵니다.

고독
푸른 모래밭에 자빠져서
나는 물개와 같이 완전히 외롭다.
이마를 어루만지는 찬 달빛의 은혜조차
오히려 화가 난다.

이방인
낯익은 강아지처럼
발등을 핥는 바다 바람의 혓바닥이
말할 수 없이 사롭건만

나는 이 항구에 한 벗도 한 친척도 불룩한 지갑도 호적도 없는
거북이와 같이 징글한 한 이방인이다.

밤 항구
부끄럼 많은 보석장사 아가씨
어둠 속에 숨어서야
루비 싸파이어 에메랄드……
그의 보석 바구니를 살그머니 뒤집니다.

파선
달이 있고 항구에 불빛이 멀고
축대 허리에 물결 소리 점잖건만
나는 도무지 시인의 흉내를 낼 수도 없고
「빠이론」과 같이 짖을 수도 없고
갈매기와 같이 슬퍼질 수는 더욱 없어
상한 바위틈에 파선과 같이 참담하다.
차라리 노점에서 임금(林檎 : 능금)을 사서
와락와락 껍질을 벗긴다.

대합실
인천역 대합실의 조려운 「벤취」에서
막차를 기다리는 손님은 저마다
해오라비와 같이 깨끗하오.
거리에 돌아가서 또다시 인간의 때가 묻을 때까지
너는 물고기처럼 순결하게 이 밤을 자거라.

-「길에서-제물포 풍경」 전문

여행하며 쓴 시라 여행시로 구분되는 이들 시는, 각각의 시가 제목을 달리하며 독립성을 유지하고 있으면서도 다시 하나의 제목 속에 포함되어 있어 연작시의 형식을 취하고 있는 것이 특징이다. 또한 이들 시는 1934년 10월 『중앙』지에 '해변시집'이라는 제목으로 처음 발표된 것인데, 이를 다시 옮겨 놓은 것이다. 물론 이들 시 가운데 시집에 수록되는 과정에서 제목이 바뀐 것도 있다. 두 번째 시 「인천역」은 「정거장」, 그리고 다섯 번째 시 「이방인」은 「에트란제(이방인)」에서 고쳐진 것이다. 그러면 이처럼 「길에서 – 제물포 풍경」이라는 제목 속에 놓여 있는 이들 시에서 인천은 과연 어떻게 표현되어 있는가?

여기서도 전반적으로 인천은, 바닷가 항구도시로서의 면모를 보여주고 있다. '바다의 비린내'를 비롯해서, '조수'·'푸른 모래밭'·'바다 바람'·'거북이'·'갈매기'·'파선'·'물고기' 등 바다와 직접 또는 간접적으로 관련된 대상이 바탕이 되어, 그 인상 깊은 장면이 시로 표현되어 있는 것이다. 특히 여기 수록된 8편의 시들 가운데서도 「조수」나 「밤 항구」, 「파선」 등의 시에 이러한 특성이 잘 나타나 있다. 더욱이 김기림의 이와 같은 작품들에서는 시적 대상들이 의인화나 직유 등 비유적 방법에 의해 표현되고 있는 것이, 그 특징으로 지적될 수 있다. "바람은 갑자기 잠을 깨어서는/쉬파람을 불며 불며/검은 조수의 떼를 몰아가지고/항구로 돌아옵니다."(시 「조수」에서)나, "갈매기와 같이 슬퍼질 수는 더욱 없어/상한 바위틈에 파선과 같이 참담하다."(시 「파선」에서) 등이, 그 단적인 예에 해당되는 것이다. 이에 비해 「고독」이나 「이방인」 등의 시에는 바닷가 항구도시에서 눈에 띄는 몇몇 광경만이 아니라, 여기서 느끼게 되는 시인의 내면적 정서가 보다 강하게 드러나 있어 주목된다. '외로움'이나 '화남'과 함께 '새로움'과 '징그러움' 등이 그 예로 볼 수 있는 것이다. 한편 「기차」나 「인 천역」, 「대합실」 등의 시에는 당시 인천의 또 다른 풍경이 제시되어 있어 관심을 끈다. 우리 나라 최초의 철도인 경인선의 개통식이 인천 역에서 거행된 것은 1899년 9월 18일로, 이 작품들이 발표되기 30여 년 전의 일이었지만, 당시까지만 해도 '기차' 및 '역 대합실' 등의 모 습은 시인의 시선을 집중시키기에 충분했던 것이다. 특히 시 「기차」 에서처럼 석양을 향해 달리는 기차의 광경은 더욱 그러했던 것으로 이해된다. 물론 그렇다고 해서 이와 같이 근대화된 삶의 현실 상황이 당시 이곳에서 생활하던 모든 사람들에게 편안함과 안락함의 여건을 제공해 준 것이 아니었음은, 시 「대합실」에 잘 나타나 있다. 이 시에 서는 대합실 '안'과 '밖'의 대비를 통해, 그 안에서 막차를 기다리는 손님은 깨끗하고 순결한데 반해, 그 밖에서 그는 다시 때가 묻을 것 으로 형상화되고 있기 때문이다. 결국 이와 같이 김기림이 인천을 여 행하며 쓴 일련의 시들에 대한 검토 과정에서 간접 체험할 수 있는 1930년대 이곳의 근대적 풍물과 그에 대한 시인의 반응 내용은, 현 재 국제도시를 지향하는 인천의 미래를 설계하는 데에 있어 한 교훈 을 주기도 하여 의미가 있다 하겠다.

> 우리 시는 분명히 자랐다. 지용(芝溶)에게서 아름다운 말떼(語群) 을 보았고, 이상(李箱)에게서 '이메지'와 '메타포어'의 탄력성을, 백석 (白石)에게서 어두운 동양적 신화를 찾았다. 『성벽』 속에서 이러한 여러 여음(餘音)을 듣는 것은 우리 시가 한 걸음 앞으로 나아갔음을 의미한다.[2]

---

2) 김기림, 「오장환(吳章煥) 씨의 시집 『성벽(城壁)』을 읽고」, 『조선일보』, 1937. 9. 18.

이는 오장환(吳章煥, 1918~?)이 처녀시집 『성벽(城壁)』(풍림사, 1937)을 간행했을 때, 당대 비평가 중 한 사람인 김기림이 그의 시집을 읽고 평(「조선일보」, 1937. 9. 18)한 내용의 일부이다. 지용과 이상, 백석에 이어 오장환에 의해 우리 시는 그 이전에 비해 한 단계 더 발전되어 나갔음을 기술하고 있는 것이다. 그러면 이처럼 그의 시가 그 이전 시에 비해 한 걸음 앞으로 나아갔음을 입증할 만한 구체적인 근거로는 어떠한 것들이 제시될 수 있겠는가? 같은 글에서 평자는, "현실에 대한 극단의 불신임. 행동에 대한 열렬한 지향. 그러면서도 이지와 본능의 모순 때문에 갈등하는 심리. 악과 유혹에 대한 깊은 성찰. 수렁 속에서도 어떠한 질서를 추구해 마지아니하는 비극적인 노력. 무릇 그러한 연옥을 통감하는 현대의 지식인의 특이한 감정에 표현을 주었다."고 하며, 그가 "새 '타입'의 서정시를 세웠다."고 한 바 있다. 이와 같은 맥락에서 그의 시가 비애와 퇴폐의 정서를 바탕으로 모더니즘 지향의 세계를 보여주고 있다 한다면 이를 두고 한 말로 이해되는데, 이 중에서도 특히 「해항도」를 비롯하여 「해수(海獸)」 등 항구를 시적 공간으로 취하고 있는 시는, 실제로 당시 인천의 그것을 염두에 두고 쓰인 것으로 추측되어 더욱 관심을 끈다. 왜냐하면 이들 시에 등장하는 '영사관'이나 '조계', '홍등녀'뿐만 아니라 '외인의 묘지'와 '세관의 창고' 등은, 당시 이곳에서 흔히 접할 수 있는 대상들이었기 때문이다.

　　폐선(廢船)처럼 기울어진 고물상옥(古物商屋)에서는 늙은 선원(船員)이 추억(追憶)을 매매(賣買)하였다. 우중중─한 가로수(街路樹)와 목이 굵은 당견(唐犬)이 있는 충충한 해항(海港)의 거리는 지저분한

크레옹의 그림처럼, 끝이 무듸고. 시꺼믄 바다에는 여러 바다를 거쳐
온 화물선(貨物船)이 정박(碇泊)하였다.

값싼 반지요. 골통같이 굵드란 파잎. 바다 바람을 쏘여 얼골이 검푸
러진 늙은 선원(船員)은 곳―잘 뱀을 놀린다. 한참 싸울 때에는 저 파
잎으로도 무기(武器)를 삼어 왔다. 그러게 모자(帽子)를 쓰지 안는 항
시(港市)의 청년(靑年)은 늙은 선원(船員)을 요지경처럼 싸고 둘른다.

나포리(Naples)와 아덴(ADEN)과 씽가폴(Singapore) 늙은 선원
(船員)은 항해표(航海表)와 같은 기억(記憶)을 더듬어 본다. 해항(海
港)의 가지가지 백색(白色), 청색(靑色) 작은 신호(信號)와, 영사관
(領事館), 조계(租界)의 각(各)가지 기(旗)ㅅ발을. 그리고 제 나라 말
보다는 남의 나라 말에 능통(能通)하는 세관(稅關)의 젊은 관리(官吏)
를. 바람에 날리는 힌 기(旗)ㅅ발처럼 Naples. ADEN. Singapore.
그, 항구(港口) 그 바―의 게집은 이름조차 잊어 버렸다.

망명(亡命)한 귀족(貴族)에 어울려 풍성(豐盛)한 도박(賭博). 컴컴
한 골목 뒤에선 눈ㅅ자위가 시푸른 청인(淸人)이 괴침을 훔칫거리면
길밖으로 달리어간다. 홍등녀(紅燈女)의 교소(嬌笑), 간드러지기야.
생명수(生命水)!, 생명수(生命水)! 과연(果然) 너는 아편(阿片)을 갖
었다. 항시(港市)의 청년(靑年)들은 연기(煙氣)를 한숨처럼 품으며 억
세인 손을 들어 타락(墮落)을 스스로히 술처럼 마신다.

영양(榮養)이 생선(生鮮)가시처럼 달갑지 않는 해항(海港)의 밤이
다. 늙은이야! 너도 수부(水夫)이냐? 나도 선원(船員)이다. 자―한
잔, 한 잔, 배에 있으면 육지(陸地)가 그립고, 뭍에선 바다가 그립다.

> 몹시도 컴컴하고 질척어리는 해항(海港)의 밤이다. 밤이다. 점점(漸
> 漸) 깊은 숲속에 올빼미의 눈처럼 광채(光彩)가 생(生)하여 온다.
>
> -「해항도(海港圖)」 전문

늙은 선원을 주된 인물로 설정하여 그의 기억 내용을 시의 주된 그
것으로 삼는 형식을 취하고 있는 이 시에서 3연의 "해항의 가지가지
백색, 청색 작은 신호와, 영사관, 조계의 각가지 기ㅅ발/제 나라 말
보다는 남의 나라 말에 능통하는 세관의 젊은 관리/바람에 날리는 힌
기ㅅ발처럼 Naples. ADEN. Singapore. 그, 항구 그 바―의 게집"
은, 실제로는 시인이 인천에서 보아왔던 대상이었던 것으로 짐작된
다. 또한 4연의 '도박'이나 '홍등녀의 교소', '아편' 등도 마찬가지였
던 것으로 판단된다. 물론 이 시가 처음 『시인부락』에 발표된 것은
1936년 12월로, 그가 휘문고보를 중퇴하고 토쿄 지산(智山)중학교에
전입하여 수료한 후 잠시 귀국해서 『시인부락』만이 아니라 『낭만』과
『자오선』 등의 동인으로도 활동하던 무렵이므로, 여기에는 경성과
동경에서의 체험이 그 주된 바탕을 이루었을 것이라고 주장하는 논
자가 있을 수도 있다. 그럼에도 불구하고 시 「해항도」와 같은 시집에
수록된 시 「해수(海獸)」에 등장하는, "바다가 보이는 저쪽 상정(上頂)
엔 외인(外人)의 묘지/영사관 꼭대기에 때묻은 기(旗)폭/세관의 창고"
등은 지금도 이곳 인천에서 그 흔적을 찾아볼 수 있다. 더욱이 광복
직후 오장환이, 배인철 등의 시인 및 김만환 등의 화가와 '인천신예
술가협회'를 결성하는가 하면, 인천에서 시낭독 행사를 갖기도 하였
다는 점 등은, 그의 광복 이전 시 중에도 인천 시편이 있을 수 있는
가능성을 높여주는 증거가 되는 것이다. 이러한 점에서 식민지 시대

항도 인천에서의 체험을 시로 형상화한 것으로 판단되는 「해항도」
및 「해수」 등의 시에서 보이는 '환각의 도시'로서의 이곳의 모습은,
당시 우리 민족이 처해 있던 구체적인 삶의 실상의 한 단면을 나타낸
것으로, 광복 후 간행된 그의 제3시집 『병든 서울』(1946)에서 서울의
그것과 맥을 같이하는 것이라 하겠다.

사진잡지에서 본 향항 야경을 기억하고 있다
그리고 중일전쟁때
상해부두를 슬퍼했다

서울에서 삼천 킬로를 떨어진 곳에
모든 해안선과 공통되어 있는
인천항이 있다.

가난한 조선의 프로필을
여실히 표현한 인천항구에는
상관도 없고
영사관도 없다

따뜻한 황해의 바람이
생활의 도움이 되고저
냅킨 같은 만내로 뛰어들었다.

해외에서 동포들이 고국을 찾아들 때
그들이 처음 상륙한 곳이
인천항구이다.

그러나 날이 갈수록
은주와 아편과 호콩이 밀선에 실려오고
태평양을 건너 무역풍을 탄 칠면조가
인천항으로 나침을 돌렸다.

서울에서 모여든 모리배는
중국서 온 헐벗은 동포의 보따리같이
화폐의 큰 뭉치를 등지고
황혼의 부두를 방황했다

밤이 가까울수록
성조기가 퍼덕이는 숙사와
주둔소의 네온싸인은 붉고
짠그의 불빛은 푸르며
마치 유니온 작크가 날리든
식민지 향항의 야경을 닮어간다

조선의 해항 인천의 부두가
중일전쟁 때 일본이 지배했던
상해의 밤을 소리없이 닮어간다.

− 「인천항」 전문

시 「세월이 가면」과 「목마와 숙녀」의 시인, 박인환의 작품들 중에
서도 인천항을 제재로 한 「인천항」(1947) 같은 인천 시편에는, 광복
이후 분단이 가시화되기 직전 우리나라의 암울한 분위기가 상징적이
면서도 꾸밈없이 표현되어 있어 주목된다. 이는 특히 이 시의 "밤이

가까울수록/성조기가 퍼덕이는 숙사와/주둔소의 네온싸인은 붉고/
짠그의 불빛은 푸르며/마치 유니온 작크가 날리든/식민지 항항의 야
경을 닮아간다//조선의 해항 인천의 부두가/중일전쟁 때 일본이 지
배했던/상해의 밤을 소리없이 닮아간다."라는 구절에 단적으로 잘
나타나 있다. 인천항에 진주한 미군의 성조기를 보고 시인은, 식민지
향항의 서글픈 운명을 떠올려 보면서, 앞으로 우리 조국에 닥쳐올 분
단체제의 불행을 이미 짐작하고 있었던 것이다.

그렇다면 광복 후 인천을 소재 또는 배경으로 한, 한국 현대시에서
당시 인천은 어떠한 곳이었는가?

> 서울 인천을 두고 마지막 피난지
> 부산으로
> 부산으로 도망가지 아니할 수 없었던 때
> 처량한 일이었습니다
> 마지막 같았던 일들
>
> 당신은 바람 찬 인천 부두
> 아우성 속에서
> 저희들 먼저 떠내보내시며
> 괜찮다, 괜찮다
> 먼저 어서
> 어서
> 눈물 글썽
> 까만 조바위 흰 두루마기로
> 그 모습
> 그 말씀

어서, 손 흔드시며 어서,
늙은 것은 괜찮다
괜찮다
괜찮다
십이 월 마지막 불어 닥치던
찬바람
바닷바람

이거 사람의 자식으로
차마
아, 세월아
소월미도 돌아, 돌아다 보아도
까만 조바위 하얀 두루마기
외로운 갈매기
어머니 홀로

군산 앞 바다를 지나도
밤을 새워도
목포를 멀리 돌아도
다도해를 지나도

외로운 갈매기
어머니 홀로
하얀 두루마기 까만 조바위
아, 당신을 홀로 적진에 두고
이 불효

슬픈 일이었읍니다.

- 「서울 인천을 두고」 전문3)

이 시에서 인천은 어떠한 모습인가?4) 시 제목에도 암시되어 있는
바와 같이, 6·25 때 이곳은 마지막 피난지 부산으로 배가 출발하던
장소이다. 물론 그렇다고 해서 원하는 사람들이 모두 떠날 수 있었던
것은 아니다. 이 시에서 시적 화자의 어머니가 아들 가족을 먼저 떠
나보내심은, 이러한 당시 상황을 반영해서 나타낸 것으로 볼 수 있
다. 이렇게 본다면 이 시에서 이곳은 이별의 장소로서 의미도 지니게
됨을 알 수 있게 된다. 그러나 떠난다고 잊히겠는가? 특히 어머니가
종교적 의미까지 지니게 되는5) 시인에게 있어서는 더욱 잊히지 않았
을 것이다. 그래서 이 시에서는 잊히지 않는 홀로 계실 어머니의 모
습이, 인천을 떠나 군산과 목포를 돌아 다도해를 지날 때까지도 따라
오는 외로운 갈매기에 빗대어 표현되고 있는 것이 인상적이다. 이와
같은 맥락에서 본다면 전쟁의 상황에서 그의 어머니를 남겨 두고 떠
난 인천 또한 쉽게 잊힐 수 없는 곳이었으리라는 점은, 새삼스럽게
다시 언급하지 않아도 당연한 일이다.

　6·25 전쟁은 조병화 시인의 생활뿐만 아니라 시세계에도 큰 변화
를 가져와, 그의 제3시집 『패각(貝殼)의 침실(寢室)』(정음사, 1952)에
실려 있는 작품들은 대체로 부산 피난 시절에 창작된 것들이다. 그래

---

3) 조병화, 『어머니』, 중앙출판공사, 1973, 19~23면.
4) 오양호, 「한국 현대문학에 나타나는 인천의 변천고찰」, 『교수논총』2-1, 인천대학교,
　 2003, 74면. 오양호는 이와 관련하여, "조병화의 시 「서울 인천을 두고」에서는 전쟁으
　 로 한계 상황에 내몰린 인간이 겪는 원초적 갈등을 인천이라는 공간이 얼마나 심각하
　 게 체험했던가를 보여준다."고 언급한 바 있다.
5) 김삼주, 「어머니라는 종교」, 『조병화의 문학세계』, 일지사, 1986, 153~167면.

서 그의 인천 시편들은, 서울 환도 후 간행된 제4시집 『인간고도(人間
孤島)』(산호장, 1954)에 이르러서야 다시 볼 수 있게 된다. 시 「팔랑버
들」 이외에 4부작으로 짜여진 「인천(仁川)의 서야(序夜)」 등이 이에 해
당되는 대표작들이다. 그런데 이중 특히 시 「팔랑버들」에는 인천 앞
바다를 배경으로 피난 후 다시 이곳으로 모여드는 시민들의 모습과
인생에 대한 시인의 생각이 꾸밈없이 잘 표현되어 있어 관심을 끈다.

    가을과 생존에 엉겨
    노인과 아해가
    과일과 가을을 판다

    호수와 같이 끼어 있는 바다는
    섬과 섬 사이에 푸르고
    피난을 거듭하던 나의 市民들이
    이렇게 해서
    정과 정들과 같이 다시금 모여들 온다

    인생은 짧고 고독은 길고

    박물관 관장 검은 머리에
    가을의 하얀 구름처럼 흰머리가 끼어 들고
    나의 머리에선 아버지 냄새가 나고
    ······.

                              － 「팔랑버들」 부분6)

─────────────

6) 조병화, 『인간고도(人間孤島)』, 산호장, 1954, 93~96면.

2) 인천사람들

앞의 '인천 또는 제물포와 인천항' 부분에서 파악할 수 있었던 바와 같이 일제강점기 인천의 개항은, 과거 조그마한 어촌 마을이었던 이곳에 우리나라의 다른 지역뿐만 아니라 다른 나라의 사람들까지 많이 불러들였다. 더욱이 이후 광복과 분단, 다시 6·25 전쟁 등으로 이어지는 시대 상황의 변화는, 기존의 인천사람들보다는 오히려 그보다 더 많은 타향 사람들을 양산할 수밖에 없었던 것으로 짐작해 볼 수 있는데, 다음의 인용 시들에는 이와 같은 인천의 지역적 특성과 함께 이에 따른 이곳 사람들의 인심 등이 실제로 잘 나타나 있어 주목된다.

① 인천에 살면서도 우리는 손에 손 잡고
　인천의 사랑을 노래하지 않는다
　계절을 타고 모여든 철새와 같이
　온종일 먹이를 찾으러 분주할 뿐이다
　동네의 이웃이나 직장의 동료나 온통 타향 사람들
　제 각각의 사투리 누구나 인천의 사랑을 말하진 않는다
　마음엔 제 각각의 고향을 추억으로 지니고
　거짓 웃음 거짓 약속을 섞어가면서
　저마다 치열한 생존의 결투장
　우리들의 고향보다 인천은 비정한가
　고향을 묻는 인사는 쓸쓸하고
　고향 얘기엔 저마다 눈시울이 뜨겁다
　사랑하지 않는 도시 경우 밝아야 산다는 도시
　최소한의 생계비를 목숨인 양 셈하며

차가운 바닷바람에 외투 깃을 세우고
두꺼워지는 담벼락 높아지는 울타리
먹이를 찾는 철새처럼 궁색한 나그네로 우리 모두 모였다
인천의 사랑을 노래하는 시인은 없고
외항선이 드나드는 연안부두
열띤 함성이 솟는 경기장
시민의 날의 폭죽에도 우리는 단결할 수 없다
국회의원 나리의 거짓공약도
시장 어른의 청사진에도 인천의 꿈은 자라지 않는다
목사님의 설교도 신부님의 강론도
우리들 따뜻한 고향 사투리만 못하다
찬바람의 도시 외곽에는 밀물이 파도쳐 갯벌을 메우고
외로운 갈매기들 실향민처럼 비린 바닷가를 온종일 선회한다

— 「인천」 전문[7]

② 나는 아무래도 인천사람이 되지 못할 모양이다
나이 삼십에 인천엘 왔으니
오고 싶어 온 게 아니고 일자리를 찾아왔으니
나는 지금도 고향사람 되고 싶은 것인지 모른다
나는 지금도 종종 서울사람 되고 싶다
이제 어떻게 서울사람 된단 말인가
누가 일자리를 선뜻 내주며 어떻게 집 한 칸 마련하고
사람은 또 어떻게 사귀어 지낼 것인가
인천사람과 술을 마시고
인천의 일터에서 땀을 흘리고

---

7) 최일화, 「인천」, 『사랑 하나 고뇌도 하나』, 도서출판 일선기획, 1985.

해를 보내고 다시 맞기 십수 년
어쩔 수 없이 내가 인천사람 같기도 하고 아닌 것 같기도 하고
몇 번이나 떠나려고 날개짓도 했지만
이제는 붙박이처럼 떠날 수도 없이
봄이 가고 여름이 가고 또 가을이 가고
이제 어쩌다 들르는 고향이 낯설고 서울엘 가면 서울이 낯설고
― 「인천사람」[8]

위에 인용한 두 편의 시는 모두 같은 시인이 쓴 작품인데, 이들 시
에는 인천 또는 인천사람들이 냉정하게 표현되어 있는 것이 특징이
다. 특히 이는, 시①의 "사랑하지 않는 도시 경우 밝아야 산다는 도시
/최소한의 생계비를 목숨인 양 셈하며/차가운 바닷바람에 외투 깃을
세우고/두꺼워지는 담벼락 높아지는 울타리/먹이를 찾는 철새처럼
궁색한 나그네로 우리 모두 모였다"라는 구절에 잘 드러나 있다. 인
천사람들은 처음부터 먹고 살기 위해 이곳에 모였기 때문에, 단결하
지 못하고 떠돌 수밖에 없다는 것이다. 그래서 이곳에 육신은 머물고
있지만 마음은 아직 정착하지 못하는 시인의 심사가 시②에는 잘 나
타나 있다. 그래서 이제 그는, 어쩌다 들르는 고향이 낯설고 서울엘
가면 서울이 낯설다고, 같은 시에게 말하고 있다.
이에 비해 다음 시들은, 앞의 인용시들과는 대비되는 특성을 보여
주고 있어 관심을 끈다.

---

8) 최일화, 「인천사람」, 『꽃과 하늘, 그리고 사랑』, 고글, 1993.

① 인천에 살면 다
  인천 사람입니다.
  인천 사람이 따로 없습니다
  부산에서 왔건, 서울에서 왔건,
  인천에 둥지를 틀면 인천 사람입니다.

  ……(중략-필자)……

  같이 울고
  같이 웃었습니다.
  － 「인천 사람들」 부분9)

② 사람들은 모두 검소하게 살다보니 짠물이란
  별명이 생겼지요 그래도 본데 마음은 착한 사람들
  － 「인천」 부분10)

시①에서는 인천에 둥지를 틀면 인천 사람이고, 시②에서는 인천
사람들은 모두 검소하게 살다보니 짠물이란 별명이 생겼지만 본디
마음은 착한 사람들이라고 표현되어 있다.

이처럼 인천 및 인천사람들에 대한 생각은 상반된다. 그러므로 이
에 대해 한 마디로 어떻다고 말할 수는 없다. 그렇지만, "알아야 사랑
하는 거지,/계속, 인천에 살기 위하여"라는 시구처럼,11) 인천사람으

---

9) 박현조, 「인천 사람들」, 『인천 사람들』, 은혜미디어, 2008.
10) 송서해, 「인천」, 『작고 인천 문인 선집·1(시)』, 한국문인협회 인천광역시지회, 2008,
  172면.
11) 신현수, 「인천에 살기 위하여」, 『인천에 살기 위하여』, 다인아트, 2014, 82면.

로 인천에 살기 위해서는 그에 대해 알아야 하고, 또한 알아야 사랑할 수 있으므로, 이와 같은 노력은 시인뿐만 아니라 독자에게도 계속되어야 할 것으로 판단한다.

2. 인천의 섬과 바다, 그리고 어촌 풍경

1) 인천의 섬과 바다

가. 인천의 섬

본 연구에서 대상 작품들을 분석해 본 결과, 섬과 바다 등을 시의 소재나 배경으로 취하고 있는 작품들이 특히 눈에 많이 띄는데, 이는 인천의 지리적 특성이 시에 잘 반영되어 나타난 결과로 보인다.

그래서 먼저 섬을 시의 그것으로 취하고 있는 작품들을 좀 더 구체적으로 살펴보면, 강화도(259편), 굴업도(3편), 당섬(1편), 대청도(4편), 덕적(군)도(5편), 무의도(2편), 문갑도(1편), 백령도(44편), 백아도(1편), 소야도(2편), 소청도(2편), 송도(21편), 아암도(2편), 연평도(4편), 영종도(10편), 영흥도(9편), 용유도(10편), 울섬(1편), 월미도(42편), 자월도(14편), 작약도(10편), 장봉도(1편), 팔미도(5편)처럼, 많은 섬들을 시에서 볼 수 있다. 이 가운데서도 강화도와 백령도, 월미도 등과 관련된 작품이 여럿이라는 점은, 앞의 〈표2〉 '인천 시편의 시적 공간별 작품 분류'에서 확인할 수 있다.

특히 강화도는, 서울 근교에 위치한 섬으로 전원의 평온함과 시원한 바다 그리고 포구의 활기찬 모습을 동시에 갖고 있어 좋은 여행지

일 뿐만 아니라, 우리나라의 지난 시간들을 돌아보게 하는 많은 문화
유산들이 있기 때문에 교육의 현장이기도 하여[12] '시의 전략요지(戰
略要地)'[13]로, 시인들로 하여금 이곳에 여행하거나 거주하면서 여러
편의 시를 창작하는 것을 가능케 하였다. 앞에서 언급한, 노희정의
『강화도』,[14] 송영욱의『강화도』,[15] 하종오의『신강화학파』[16] 이외
에 조영숙의『아름다운 섬 이야기』,[17] 함민복의『말랑말랑한 힘』,[18]
박서혜의『마니산 자락』[19] 등의 시집에 수록된 시 전부 또는 일부가
이에 해당되는 것이다.[20] 그래서 이들 시를 보면 강화도의 자연 풍
경과 함께 문화유산, 사람들만이 아니라 우리 민족의 분단된 조국 현
실 상황 등을 접할 수 있게 된다. 더욱이 최근 간행된 하종오의 시집
『신강화학파』에서는, '신강화학파'와의 황홀한 마주침을 겪게 되는
시의 화자를 접할 수 있어 주목된다.

　　『신강화학파』에서 하종오는 인물 군상의 유형을 크게 '강화학파',
　　'새 강화학파', '신강화학파', 이렇게 세 가지로 나누어놓았다. '강화
　　학파'는 주로 대시인들과 같이 지식인이나 예술가 행세를 하는 엘리

---

12) 박은우, 『강화의 세월』, 학연문화사, 2006, 4면.
13) 이생진, 「발문」, 노희정, 앞의 책, 17면.
14) 노희정, 『강화도』, 우리글, 2008.
15) 송영욱, 『강화도』, 한국문화사, 2009.
16) 하종오, 『신강화학파』, 도서출판 b, 2014.
17) 조영숙, 『아름다운 섬 이야기』, 다인아트, 2001.
18) 함민복, 『말랑말랑한 힘』, 문학세계사, 2005.
19) 박서혜, 『마니산 자락』, 다인아트, 2011.
20) [부록2] 〈인천 시편의 시인별 분류표〉에는 이들 작품의 제목이 기입되어 있는데, 이들
　　은 모두 시의 소재 또는 배경에 있어 인천의 강화와의 관련성이 구체적으로 파악되는
　　것들이다. 즉 심증은 간다 하더라도 이를 입증할 만한 구체적인 물증이 없는 작품들은,
　　여기에 기재하는 것을 일단 유보하기로 하였다.

트로서 아직도 구태의연한 사고를 버리지 못한 채 현실 속의 진실을 체화하지 못한 이들로 구성된다. '새 강화학파'는 '강화학파'에서 이름만 바꾼 것이다. 결국 이 시집 전체를 관통하는 서사는 '강화학파'와 '새 강화학파'의 유혹을 단호하게 거절하고, 나아가 '신강화학파'와의 황홀한 마주침을 겪게 되는 것이다.21)

인천 시편에서 강화도 관련 시들 다음으로 많은 비중을 차지하는 것이, 백령도를 시의 소재 또는 배경으로 취하고 있는 작품들이다. 그런데 특히 호인수는 "1988년 초부터 꼭 2년 동안 서해 최북단에 위치한 백령도에 발령을 받아 그곳 성당에서"22) 살면서 22편의 시를 남겼다. 그래서 이들을 살펴보면 그의 시에는 분단된 우리 조국에서의 삶의 현실 상황이 일관되게 잘 반영되어 나타나 있다는 점을 알 수 있다.

> 찌렁새는
> 때로는
> 대양벌레 한 마리에 눈이 어두워
> 덫에 걸려 소금구이가 되는 경우도 있지만
> 보통으로는
> 섬 해안을 빙 둘러싼
> 지뢰밭 철조망 위를
> 눈도 깜짝 않고 두려움 없이 날아
> 황해도 평안도에도 가고

---

21) 홍승진, 「외롭지 않을 수 있는 진실한 행위」, 하종오, 앞의 책, 147면.
22) 호인수, 「작가 후기」, 『백령도』, 실천문학사, 1991, 119면.

경기도 충청도에도 간다

한없이 부러운 새

-「백령도 7-찌렁새」 전문23)

더욱이 이 시의 "섬 해안을 빙 둘러싼/지뢰밭 철조망 위를/눈도 깜짝 않고 두려움 없이 날아/황해도 평안도에도 가고/경기도 충청도에도 간다//한없이 부러운 새"라는 구절에서는, 분단된 현실 상황에서도 남과 북을 자유롭게 왕래할 수 있는 '찌렁새'에, 시인의 부러움이 잘 투사(投射)되어 있는 것을 볼 수 있다. "아, 바다는 단절인가/쇠사슬에 길들여진 우리/동서남북/팔방 십육방으로 철조망을 뚫고/배 띄우고 달음질할/그날은/언제"24)라는 구절에도 이와 같은, 시인의 바람이 잘 반영되어 있는 것을 파악할 수 있다.

구경분의 백령도 시편에서는, 이러한 시「통일 기념비」외에도, 「사곶 해안」, 「콩돌해안」, 「두무진」, 「패총」, 「연봉바위」, 「심청각」, 「까나리 액젓」, 「짠지떡」등 백령도 특유의 자연과 전설, 음식 등을 시의 소재로 한, 작품들도 접할 수 있다.25) 또한 북한을 지척에 둔 섬 백령도에서의 시인의 감회가 잘 나타나 있는 작품으로는 고은의 「백령도」26)와 이가림의 「콩돌 기슭에서」27) 같은 시도 있다.

한편 인천 시편에서 섬을 시의 소재 또는 배경으로 취하고 있는 작

---

23) 위의 책, 15면.
24) 호인수, 「백령도 12-섬은 감옥이다」, 위의 책, 20면.
25) 구경분, 『설악산지기 호랑이로 태어나리』, 자료원, 2001, 125~134면.
26) 고은, 「백령도」, 『남과 북』, 창비, 2000, 211면.
27) 이가림, 「콩돌 기슭에서」, 연수문화원 엮음, 앞의 책, 18면.

품들 가운데 많은 비중을 차지하는 것 중 또 다른 하나는, 월미도 또
는 월미바다와 관련된 시들인데, 한국 현대시에서 그 처음으로 창작
된 작품은 파인(巴人) 김동환(金東煥, 1901~?)의 시 「월미도 해녀요」
를 꼽을 수 있다.

> 놀 저물 때마다 멀어지네 내 집은
> 한 달에 보름은 바다에 사는 몸이라
> 엄마야 압바가 그리워지네
>
> 진주야 산호를 한 바구니 캐서
> 이고서 올 날은 언제이든가
> 고운 천 세 발에 나룻배 끌올 날 언제던가
>
> 보면 볼사록 멀어지네 내 집은
> 엄마야 압바야 큰애기라 부르지 마소
> 목이 메여 배따라기조차 안 나오우
>
> – 「월미도 해녀요」 전문

앞에서 언급한 바와 같이 1927년 2월 1일 진종혁이 주도하여 인천
에서 창간한 문예잡지 『습작시대』제1호에 수록되어 있는 이 시는, 전
체 3연으로 이루어져 있는데, 각 연은 다시 3행씩으로 짜여 있다. 또
한 각 행은 대체로 세 번에 걸쳐 읽힘으로써 3음보(音步) 율격의 민요
형식을 취하고 있음을 알 수 있게 된다. 이 시의 제목에 '–요(謠)'자
(字)가 붙어 있는 이유는 바로 이 때문인 것이다. 물론 그렇다고 해서
이 시가 민요는 아니다. 이와 같은 노래가 일반 민중들 사이에서 입

에서 입으로 전해져 내려와서 불린 것은 아니기 때문이다. 그러므로 이 시는 집단의 노래인 민요와 구분하여 개인 창작의 민요시로 볼 수 있는데, 그러면 이러한 민요 형식을 통해 이 시에서 시인이 나타내고 자 하는 주된 내용은 무엇인가? 이는 이 시 1연 3행의 "엄마야 압바 가 그리워지네"라는 구절에 단적으로 잘 나타나 있다. 당시 부모 곁 을 떠나 월미도에서 해녀 활동을 해야 했던 소녀가 지닐 수밖에 없었 던 그리움이, 바로 그것인 것이다. 더욱이 이 시 1연과 3연의 각 첫 행, "놀 저물 때마다 멀어지네 내 집은"과 "보면 볼사록 멀어지네 내 집은"이라는 시구에서는, 그 정도가 점점 심해지고 있음을 시각적으 로 보여주고 있다. 또한 "진주야 산호를 한 바구니 캐서/이고서 올 날은 언제이든가"라는 구절에서는, 그가 부모와의 만남에 대한 믿음 을 점차 잃어가고 있음을 드러낸 듯하여 안타까움을 더해준다.

이처럼 일제 강점의 현실 상황 속에서 가난한 자, 소외된 자들에게 보인 파인의 시적 관심과 애정이 실로 적은 것이 아니었음이, 이 작 품을 통해서 확인된다. 시 「월미도 해녀요」에서는 그것이, 당시 월미 도 해녀의 삶의 실상에 대한 제시에 의해 입증된 셈이다. 특히 이 시 가 민요시 형식을 취하고 있음은, 이와 같은 해녀의 삶의 문제가 단 지 한 개인 또는 가정보다는 집단 혹은 사회적인 차원에서 해결되어 야 할 과제임을 시사해 주는 것이라 하겠다.

그러면 이후 월미도 관련 시는 어떻게 전개되어 왔는가? 먼저 정 경해의 시 「인천46−월미도」에서는 시대의 흐름과 함께 변화된 상황 이 시에 잘 반영되어 있는 것을 볼 수 있다.

파란 눈 이국인 질끈 밟은 꼬리에 닻을 내리던 날
비가 내렸다
로제섬*의 치욕

빗장이 필요 없었지 그들은 담을 넘어 왔으니까

쪽발이들, 족쇄 도장 한 방에
순한 백성들 해수탕에 몸을 풀고
벚꽃 아래 도시락을 즐기던

6·25 동족상잔의 상처가 깊게 패인 섬
인천상륙작전 암호명 크로마이드(Operation Chromite)
자유를 치켜든 맥아더가 달의 꼬리에 발을 디딘 날에도
비가 내렸다

자유를 위한 수많은 목숨들
벚꽃나무 아래로 구겨졌고 바닷물 속으로 수장됐다
어머니, 아버지, 누이
이 땅을 위해

아무도 월미도 발자국이 지워지는 것을 두려워하지 않는 오늘,

문화의 거리 월미도
이제는 달의 꼬리가 아니라며
월미레일이 천 억짜리 은하철도를 타고 안드로메다로 날아가고
횟집, 모텔, 놀이기구 안의 청춘남여 자극적인 웃음만이

밤마다 찬란한 욕정의 눈을 굴린다

날마다 불면의 밤을 하얗게 지새우는 섬
오늘도
월미도에 비가 내린다
* 한때 프랑스 극동함대 사령관의 이름을 따 로제섬으로 불렸다고 함.

- 「인천46-월미도」 2~9연[28]

이 시에는 개항 후 일제 강점기와 6·25 전쟁 시기를 거쳐 현재에 이르기까지 월미도가 어떻게 변화되어 왔는가가 잘 나타나 있다. 그 치욕과 상처와 욕정의 역사·문화적 삶의 현실 상황이 잘 제시되어 있는 것이다. 특히 이 시에서는 "비가 내렸다" 또는 "비가 내린다"와 같이 하강적 심상(下降的 心象)을 드러내는 구절의 변화, 반복을 통해 작품이 짜임새 있게 연결될 뿐만 아니라, 애상적 정서가 자아내어짐을 파악할 수 있게 된다.

이와 같은 맥락에서 최병구의 시 「월미도」에서는, 그 이전과 달리 사라짐을 나타낸 것을 볼 수 있다. 더욱이 "그 옛날 사슴과 얌전한 토끼와 곰과/순진한 동물들이 살던/월미도(月尾島) 그 동물원도 이제는 없다."[29]라는 구절이, 이를 잘 드러내 준다.

그럼에도 불구하고 월미도는 또한, 시인들에게 추억[30]과 그리움,[31] 또는 자기 삶의 충전 장소[32]가 되기도 한 점을 인지할 수 있

---

28) 정경해, 「인천46-월미도」, 『미추홀 연가』, 문학의전당, 2012, 24~26면.

29) 최병구, 「월미도」, 『버리고 간 노래』, 선민출판사, 1981, 41면.

30) 오사라, 「월미도 예전 카페에서」, 『울림의 노래』, 영언문화사, 2003, 38면. 이는 이 시의 3연, "추억은 그리움 되어/예전 카페 곳곳에 흐르고/초승달의 가녀린 입술은/설레이는 소망 하나 고백하였지."에, 잘 나타나 있다.

다. 더 나아가 시인에 따라서는 그곳이 개인적으로나 사회·역사·문
화적인 측면에서 과거를 회상하며 현실을 돌이켜볼 뿐만 아니라 미
래의 희망을 조망하는 장소가 되기도 하여 주목된다.

> 100년 탁류에 돛폭처럼 쓸리던 월미섬이여.
> ……(중략−필자)……
> 이제 비로소
> 오랜 섬이며 오랜 바다이기를 소망하는 너의 발밑에
> 백년 사나운 인고의 흉몽도
> 뼈저린 회환도 영욕마저도 과거의 파도처럼 부서진다.
>
> 녹슨 바람이 지난 뒤
> 비켜서지 않는 네 인고의 등 뒤로
> 문득
> 일망무제의 수평선이 열린다.
> 이렇게 저린 역사의 변경 달빛을 조상하며
> 어둠이 그 끝을 빛나게 하는 순은의 아침을 바라본다.
> 월미섬이여,
> 은자였던 한 마리 물새가 새벽 고동소리로 날아오를 때

---

31) 이태희, 「월미도」, 『오래 익은 사랑』, 포엠토피아, 2001, 17~18면. 특히 "월미도의
   하늘이 젖어 있다/사람들이 바다 위로 걸어간다/불편한 잠 속으로 떠오르던/한 점 섬
   을 향하여/사람들은 날마다 푸른 그리움의/깃발을 펄럭이며 떠 간다"라는 구절에서는,
   월미도에서의 낙조를 그리움의 정서와 연관하여 잘 표현한 것을 볼 수 있다.
32) 임봉주, 「월미도」, 『지상에서 꿈꾸는 천상』, 인화, 1998. "버리고 싶은 일상을 뒤로하
   고/월미 부둣가에 서니//눈부신 빛이다/늦가을 오후에 쏟아지는/황금화살의 진투다/
   /……(중략−필자)……//황홀한 시간은 꿈처럼 흐르네/불현듯 눈을 뜨면/나는 이미 내
   가 아님을//가슴은 가득한 바다로 채워지고/흔들리지 않는 돛배 하나/망망한 가슴에
   유유히 떠간다"

항구는 일제히 제 희망의 대견한 갑문을 열고,
출렁이던 모든 황해가 큰 배처럼 숨가쁘게 달려와
오늘 부동의 네 구도 속에 순순히 잠기는 것을 조망한다.
모든 처녀인 월미섬이여,
네 착한 본향 물그림자가 맑은 아침 해도 위에 뜨고,
네가 출산하려는 하늘과 바다의 아침 소년을 보아라.
침략자처럼 즐겁게 지껄이는 잘 생긴 수부들의 식욕을 보아라.
모두 제 힘 가득한 만조를 노래한다.
월미섬이여,
뒤돌아볼 백년 수평선 위로 방금 한 큰 배가 출항한다.
역사의 위대처럼 장한 물살을 가른다.

- 「월미도」부분[33]

　　인용 시를 보면 앞에서 언급한 시들과 달리, 지난 100년 동안의 인고의 세월만이 아니라, 뒤돌아볼 백년을 향해 출항하는 큰 배를 바라보는 시의 화자를 접할 수 있게 된다. 저린 역사의 어둠이 걷히고 밝은 아침이 시작되면서 새롭게 펼쳐지는 세계를 만날 수 있게 되는 것이다. "어둠이 그 끝을 빛나게 하는 순은의 아침을 바라본다."와 "은자였던 한 마리 물새가 새벽 고동소리로 날아오를 때" 등의 구절과 같이, 밝음과 상승적 심상(上昇的 心象)을 통해 희망적 정서가 자아내어짐을 파악할 수 있게 된다.

　　이처럼 빛 또는 밝음의 심상을 통해 시인의 바람 혹은 깨달음을 나타낸 작품으로, 태동철의 「월미도」와 김의중의 「월미도의 달빛」 등의 시가 눈에 띈다. 특히 "월미도/너는 이제 제자리에서 화평을 만났

---

33) 김윤식, 「월미도」, 『월미도』, 가천문화재단, 2002, 101면.

으니/네 아름다움 뽐내어 황해수 다스리며/건너 마을 저 대륙에 빛을 밝혀라"[34]와 "어둠이 삼킨 빛을/달은 품었던 가슴을 열고/아낌없이 세상에 내어준다/이제사 이 달빛이 밤의 햇빛임을 안다"[35] 등의 구절이 이러한 특징을 잘 나타내 준다.

한편 인천의 섬 중에는 현재 매립 또는 다리 건설 등으로 육지와 연결되어 뱃길보다는 찻길로 왕래됨으로써, 이름만 섬[島]일뿐 섬처럼 느껴지지 않는 경우가 많다. 앞서 언급한 강화도와 월미도 이외에 송도와 영종도, 용유도 등도 이에 해당되는데, 이들 또한 시에서 소재 또는 배경으로 취해지는 경우가 많아, 이에 대해 좀 더 구체적으로 살펴보면 다음과 같다.

> 매립지에서 풀이 났을 때 진작 알았어야 했다 섬은 애초에 없었다 섬은 가슴에서나 섬이었다 쑥 쑥 하루에도 몇 뼘씩 자라 멀리서도 콩나무라는 것을 금방 알아버렸다 섬에서도 콩나무가 잘된다는 것을 이제야 알았다 조각조각 섬들을 이었다 사람들이 모여들었다 잭은 이제 하늘에 곧잘 올라갈 수 있었다 이제 안개하고도 익숙해졌다 구름 속에서도 잠이 들고 꿈을 이루는 법도 배웠다 섬이 떠난 바다에는 콩나무만 가득하다 철썩거리며 가슴을 때리던 파도도 떠나간 자리에 자주 안개가 내렸다 자꾸만 올라가는 64층 기중기가 내 꿈을 깨트렸다 또 꿈이다 아직 땅이다
>
> – 「2007, 송도와 잭과 콩나무」[36]

---

34) 태동철, 「월미도」, 『내 사랑 영흥도』, 문학아카데미, 2013, 76면.
35) 김의중, 「월미도의 달빛」, 『인천문단』, 2013.
36) 박경순, 「2007, 송도와 잭과 콩나무」, 『바다에 남겨 놓은 것들』, 고요아침, 2011, 85면.

위의 인용 시에는 2007년 송도가 더 이상 섬이 아니라고 표현되어
있다. 이는 특히, "섬이 떠난 바다에는 콩나무만 가득하다"라는 구절
에 단적으로 잘 나타나 있다. 매립지에 초고층 아파트 건물들이 들어
선 모습을 '잭과 콩나무' 이야기의 콩나무에 빗대어 말하고, 이를 다
시 꿈의 깨어짐과 연관지어 비판적 시각에서 바라보고 있는 것이다.
그런데 정경해의 시 「인천 48-송도국제도시」에서도 이와 같은 현실
을 비판적으로 드러낸 부분을 어렵지 않게 찾아볼 수 있다. "이름만
다를 뿐 똑같은 옷을 걸친/초고층 아파트 건물들이 탄생하는 도시//
외국인보다 내국인이 더 많은 국제도시"[37]라는 구절이 이에 해당된
다. 같은 시의 "혼자 놀던 바닷물 들락날락 민낯을 드러내면/갯벌에
서 조개를 캐 생계를 잇던 먼우금 원주민들"이라는 시구처럼, 개발로
인해 과거와 달라진 이곳의 지형뿐만 아니라 원주민들의 생활 여건
을, 이 시에서는 시각적 심상을 통해 사실적으로 보여주고 있는 것이
다. 이와 같은 맥락에서 송도에는 모래밭이 있어 새들이 앉았으
며,[38] 송도 앞 바닷가 길을 둘이 걸었고,[39] 송도유원지에서 그곳에
마음을 맡겨 보고 쉬었다는[40] 이야기는 이제 전설처럼 들린다는 점
을 인정하지 않을 수 없게 되었다.

물론 송도 관련 시를 더욱 세세하게 살펴보았을 때, 변화된 현재의
상황에 대해서는 비판적인 태도를 취하고, 바뀌기 전의 좋았던 시절
에 대해서는 긍정적인 태도를 취하는 작품들만이 눈에 띄는 것은 아니

37) 정경해, 「인천 48-송도국제도시」, 앞의 책, 28면.
38) 장종권, 「숭의동 5」, 『누군가 나의 방문을 두드리고 갔습니다』, 인화, 1991, 100면.
39) 이병춘, 「봄의 문턱에서」, 『서울에 뜨는 무지개가 보고 싶다』, 한줄기, 1996, 107~108면.
40) 최병구, 「송도유원지」, 『버리고 간 노래』, 선민출판사, 1981, 38~39면.

다. 현실 세계에 만족해하는 시의 화자도 접할 수 있게 되는 것이다.

> 이 밤엔
> 이 송도의 야경이
> 무척 좋기만 하오.
> 저 아래 휘황한
> 불빛으로 커가는 '먹자문화'
> 때문도 아닌데
> 여기 '인천상륙작전 기념관' 뒷길
> 옆 모퉁이에 서니
> 발아래 보이는 저 불빛이나
> 그보다 먼 빛
> 바다 위에 떠있는
> 무역선들의 밤 눈빛들이
> 모두 밝고 좋다는 거요.
> 이 언저리 한켠을 사서
> 집을 짓고, 친구들하고
> 대포 한잔 차 한잔에
> 이 가을밤을 밝히고 싶소.
> 그래, 그냥 송도가 좋소.
>
> — 「송도 8」 전문[41]

인용 시는 한기철이 쓴 「송도」 연작시 1~8편 중 마지막 작품인데, 여기에는 현재 송도 야경의 좋음과 함께, 그곳에 거주하고 싶은 마음

---

41) 한기철, 「송도 8」, 『하늘바라기』, 도서출판 소설, 2001, 77면.

이 잘 표현되어 있는 것이 특징이다. 빛 또는 밝음의 심상을 바탕으로 시인의 바람을 나타내고 있는 것이다. 물론 이 시에서는 그곳이 좋은 이유가 명시되어 있지 않고, 단지 '그냥' 좋다고만 하여 비현실성을 드러내고 있는 것이 문제점으로 지적될 수 있기는 하다. 그럼에도 불구하고 그곳에 대한, 시인 나름의 진실은 믿어 의심할 바가 없다는 점에서는, 이 시가 지니는 가치를 인정할 수 있다 하겠다.

그러면 영종도와 용유도는 어떠한가?

① 오랜만에 육지에 나가면
　사람들은 억대부자가 왔다고 놀려대고
　모주꾼 친구들도 밤새워 술값이나 씌우려고
　그를 붙들고 놓아주지 않았다
　허나 천상 농부인 그에게 그게 다 무슨 소용이랴
　사실 지금이라도 논밭 몇 평 팔면
　번쩍번쩍한 자가용도 사고 아파트도 산다지만
　더이상 제비꽃 구경할 수 없고
　육지 사람들의 오물만 버려져 악취만 풍기는
　개발이 도대체 누구 코에 걸라는 물건인지 몰라
　그는 안주도 없는 술을 바닥 보이도록 들이켰다
　푹푹 빠지는 개펄이 싫던 판에
　땅 팔고 집 팔아 육지로 간 벗들은
　벌써 있는 것 다 까먹고
　고향에 돌아오려 해도 오두막 한칸 얻어들기 어려운데
　새마을연수원이 들어선다며 대대로 모셔온 산소까지 파헤치더니
　바다가 죽은 자리에는 국제공항이 들어선다는 소문만

사람들의 등을 떠밀어내고 있다
추씨는 부슬부슬 내리는 안개비 속에
그마저 조상들의 땅을 버릴 수는 없다며
고향을 잃은 벗들과 함께
지금은 흉가처럼 버려진 새마을연수원으로 몰려갔다
투기꾼들의 자가용으로 그물 한코 던질 수 없는
포구를 막아섰다
섬을 섬사람에게 돌려달라고 주먹을 치켜들었다

- 「영종도 추씨」 전문[42]

② 수만 년 뒤척이던
　바다 몸살도 끊긴지 오래

　개발의 칼날에 잘려
　물길은 두 동강나고
　다시 돌아오지 않는 파도 소리

　길 잃은 목선(木船) 한 척
　허옇게 말라버린 갯바닥에
　밧줄로 옭아매어 꼼짝할 수 없다

　무슨 업보로
　한낮의 땡볕 아래
　풍장(風葬)을 당해야 하나

---

42) 박몽구, 「영종도 추씨」, 『철쭉꽃 연붉은 사랑』, 실천문학사, 1990, 18~19면.

······(중략−필자)······

이제는 돌이킬 수 없는 땅

오랜 세월 파도와 나뒹굴며
옹기종기 정들었던 갯마을

평화롭던 해변에
팍팍한 모래바람만 날린다

위대한 우주의 창작품 위에 인간들 욕망이
또 하나 지울 수 없는 칼날의 흉터를 남겼다
깊은 죄업의 발자국 찍었다
* 섬 한쪽에 인천공항 건설공사가 진행중이다

− 「용유도」 부분43)

①은 박몽구의 시 「영종도 추씨」이고, ②는 임봉주의 시 「용유도」
인데, 두 편 모두 개발로 인한 폐해를 주된 내용으로 담고 있다는 점
이 공통된 특징이다. 특히 시①에서처럼 개발은 그곳 사람들로 하여
금 억대부자가 되어 번쩍번쩍한 자가용도 사고 아파트도 살 수 있게
해 주었다. 그렇지만 이는 또한 그들로 하여금, 벌써 있는 것 다 까먹
고 고향에 돌아오려 해도 오두막 한 칸 얻어들기 어렵게 하거나, 조
상들의 산소까지 파헤쳐지는 수모를 겪게 함으로써, 원주민들이 저
항할 수밖에 없었던 사정이, 이 시에는 서사적으로 잘 표현되어 있

---

43) 임봉주, 「용유도」, 『지상에서 꿈꾸는 천상』, 인화, 1998.

다. 시②에서도, "위대한 우주의 창작품 위에 인간들 욕망이/또 하나 지울 수 없는 칼날의 흉터를 남겼다/깊은 죄업의 발자국 찍었다"라는 구절에, 이와 같은 특질이 잘 나타나 있는 것을 볼 수 있다. 이처럼 영종도와 용유도 관련 시에서는 인천공항 건설공사로 대표되는 개발로 인한 변화와 문제점이, '없음/끊김/않음' 등 부정 또는 단절적 심상을 나타내는 시어를 통해 전달되고 있음을 알 수 있게 된다. 이 개발이 도대체 누구를 위한 건가 하는 의문을 떠올려 보게 하는 것이다. 김기영이 쓴 「오성산」과 「섬은 옛날이 그립다」 등의 시[44]도 이와 같은 특징을 보인다.

물론 그렇다고 해서 영종도와 용유도 관련 시들도 이러한 특성만을 보이는 것은 아니라는 점을 다음 시들은 보여준다.

> ① 사랑이 환상인 세상, 그 너머에
>   너는 있다
>   사레들어도
>   재채기가 나도
>   두통, 오한, 그런 기미만 보여도
>   걸신 든 마음으로
>   너에게로 온다
>   너에게로 와 누우면
>   하늘은 뭉게구름으로
>   나를 감싸고
>
>   바다는 원초의 울음으로

---

44) 김기영, 「오성산」, 「섬은 옛날이 그립다」, 『섬은 옛날이 그립다』, 메세나, 2004, 107~109면.

나를 달랜다
아, 사랑이 환상인 세상, 그 너머에
아직도 너는
푸르게 푸르게 떠 있구나!

- 「영종섬」 전문[45]

② 영종도 가로질러
  삼목도 지나 용유도로
  세 섬이 이어붙어 있네.

  인간의 무서운 집념이
  바다를 끊어 막아
  위대한 길 만들었네.

  휘돌아치는 길이
  좁기도 하여
  오는 차 가는 차 양보하네.

  큰 비 와도 홍수 없고
  날 어두워도 도둑 없고
  큰 소리쳐 싸우는 이 없네.

  돌멩이 하나 들고 바닷가에 가면
  싱싱한 굴도 쪼아먹고
  바위에 붙은 고동도 주울 수 있네.

---

45) 박서혜, 「영종섬」, 『입술』, 아침나라, 1993. 24면.

온 들 가득 곡식이 있고
온 하늘 가득 별이 있어
넉넉하고 여유롭네.

- 「용유도」 부분46)

위에 인용한 ①과 ②도 앞의 작품들과 마찬가지로 영종도와 용유
도를 시의 소재 또는 배경으로 취하고 있는 작품들이다. 그런데 비슷
한 시기에 창작된 시들임에도 불구하고 앞의 작품들과 달리 위의 시
들은, '있음/이어짐' 등 긍정 또는 연속적 심상과 '푸르름/밝음' 등 시
각적 심상을 나타내는 시어를 통해, 본래 그 섬들로부터 느끼게 되는
포용과 넉넉함, 여유로움 등의 정서를 전해 주고 있음을 알 수 있게
된다.

이렇게 앞의 임봉주 작 「용유도」의, "인간들 욕망이/또 하나 지울
수 없는 칼날의 흉터를 남겼다"라는 구절에서처럼, 개발에 대한 부정
적 해석도 가능하지만, 위의 구경분 작 「용유도」의, "인간의 무서운
집념이/바다를 끊어 막아/위대한 길 만들었네."에서와 같이 그에 관
한 긍정적 풀이도 있을 수 있다. 그러므로 이처럼 대비되는 해석은
그것이 지니는 양면성을 작품을 통해 보여주는 것으로 이해할 수 있
는데, 이를 어떻게 수용할 것인가 하는 점은 독자들에게 부여된 과제
라 판단되며, 이에 대해서는 좀 더 신중한 논의가 진행되어야 할 것
으로 판단된다.

이외에, 작약도도 인천 시편에서 시의 소재 또는 배경으로 많이 취
해졌기 때문에, 그 중 한하운 시인의 시 「작약도」를 대상으로 그 특

---

46) 구경분, 「용유도」, 『설악산지기 호랑이로 태어나리』, 자료원, 2001, 116~117면.

징의 일단(一端)을 살펴보면 다음과 같다.

　　작약꽃 한 송이 없는 작약도에
　　소녀들이 작약꽃처럼 피어

　　갈매기 소리없는 서해에
　　소녀들은 바다의 갈매기

　　소녀들의 바다는
　　진종일 해조음만 가득 찬 소라의 귀

　　소녀들은 흰 에이프런
　　귀여운 신부

　　밥짓기가 서투른 채
　　바다의 부엌은 온통 노랫소리

　　해미(海味)가에 흥겨우며
　　귀여운 신부와
　　한백년 이렁저렁 소꿉놀이

　　어느새
　　섬과
　　바다와
　　소녀들은 노을 활활 타는 화산불

인천은 밤에 잠들고
소녀들의 눈은 어둠에 반짝이는 별, 별빛

배는 해각(海角)에 다가서는데
소녀들의 노래는 〈Aloha oe〉

선희랑 민자랑 해무(海霧) 속에 사라져
언제까지나 언제까지나 〈Aloha oe〉

언제까지나 언제까지나 안녕
〈Aloha oe〉 또다시 만날 때까지 안녕

- 「작약도」 전문

　인용 시를 쓴 '파랑새' 시인 한하운(韓何雲, 1919~1975)이 인천과
인연을 맺게 된 것은, 1950년 3월 그가 부평 소재 나환자 정착촌인
'성계원'으로 이주하면서부터인데, 1952년 5월에는 미감아동(未感兒
童) 수용시설인 '신명보육원'을 성계원 건너편에 창설하여 원장을 맡
기도 했다. 「작약도」와 「여가, 驪歌(애염가, 愛染歌)」 등은 당시 그의
체험을 시로써 표현해 놓은 것인데, 특히 시 「작약도」에는 어느 날
그가 인천 앞바다의 작약도를 찾았을 때 접했던 여러 대상들이 시간
의 흐름에 따라 파노라마 사진처럼 길게 제시되어 있어 관심을 끈다.
이 가운데서도 "어느새/섬과/바다와/소녀들은 노을 활활 타는 화산
불//인천은 밤에 잠들고/소녀들의 눈은 어둠에 반짝이는 별, 별빛"이
라는 구절에는, 어느새 노을이 지는가 했더니 다시 금방 밤의 어둠에
휩싸인 그곳의 풍경이 인상 깊게 잘 그려져 있는 것이 특징이다. 더

욱이 밤의 어둠만이 아니라, "노을 활활 타는 화산불/어둠에 반짝이
는 별빛"과 같이, 불 또는 빛 등 '밝음'의 심상을 통해 그와 같은 소녀
들과의 만남에 대한 기약을 나타내고 있는 점은 시의 아름다움을 더
해 준다.

나. 인천의 바다

인천 시편에는 바다를 시의 소재나 배경으로 취하고 있는 작품들
이 또한 많이 눈에 띄는데, 이는 바다에 접해 있는 인천의 지리적 특
성이 작품에 그대로 반영된 또 다른 결과로 이해할 수 있다. 이와 같
은 측면에서 인천 시편에서는 인천 앞바다, 월미바다, 송도 앞바다,
먹염바다 등 바다 관련 시들을 찾아볼 수 있는데, 실제로 이들 작품
에서는 바다가 어떻게 인식되며 표현되고 있을까에 대해 구체적으로
살펴보면 다음과 같다.

> 잊어버리자고
> 바다 기슭을 걸어 보던 날이
> 하루
> 이틀
> 사흘
>
> 여름 가고
> 가을 가고
> 조개 줍는 해녀의 무리 사라진 겨울 이 바다에

잊어버리자고
바다 기슭을 걸어가는 날이
하루
이틀
사흘

- 「추억」 전문[47]

　인용 시는 조병화(趙炳華, 1921~2003)의 「추억」인데, 그에게 인천
은 그가 교직에 몸담고 있으면서 시인으로 첫 문단 진출을 한 곳이면
서, 또한 노년에 이르러서는 정년을 맞은 곳이기도 하다. 1947년 9월
부터 1949년 2월까지 인천중학교(6년제)에서 교사 생활을 한 그가,
다시 1981년 초부터 1986년 1학기 말까지 인하대학교 국어국문학과
교수로 활동하게 됨은, 그의 시에서 인천과 관련된 시가 눈에 띄게
하는 직접적인 계기를 마련해 주었던 것이다. 그래서 여러 논자들이
그를 인천 문단의 '초창기의 문인'[48], 또는 '전후 개척기 문인'[49]들
속에 포함하여 논하는 데에 이의를 제기하는 사람은 거의 없으며, 그
의 초기시들 가운데서도 인천과 관련된 시는 처녀시집 『버리고 싶은
유산』(산호장, 1949)에 특히 많이 수록되어 있다. 이 시집에는 총 26
편의 시가 Ⅰ·Ⅱ부로 나뉘어 실려 있는데, 이 중에서도 Ⅱ부의 바다
를 시적 공간으로 취하고 있는 작품들은 대체로 이에 해당되는 시로
볼 수 있는 것이다.
　더욱이 조병화 시인의 잘 알려져 있는 시 「추억」이 창작되고 곧 이

---

47) 조병화, 『버리고 싶은 유산(遺産)』, 동문선, 1994, 48~49면.
48) 신연수, 「인천문단의 어제와 오늘(2)」, 『학산문학』6, 1993년 봄, 62~65면.
49) 김양수, 「인천 문단(文壇) 반세기」, 『인천개화백경』, 화인재, 1998, 336면.

에 곡이 붙여져 가곡으로 만들어지기까지의 과정이, 실제로 이 시에 곡을 붙여 가곡으로 만든 작곡가 최영섭에 의해 상세하게 제시된 바 있어 주목된다.50) 여기서 그는, 이 시가 광복 직후 시인이 인천 앞바 닷가를 거니는 중에 쓰인 것임을 구체적으로 밝혀 놓고 있다. 물론 시인 자신도 이 시를 쓸 당시의 감회를 기술한 바 있다. "그렇다, 이 시와 같이 지금까지의 인생을 모두 잊고 다시 시작을 하는 거다, 이 렇게 나 스스로 나를 새로운 미지의 세계로 밀고 나갔던 거다"51)라는 구절처럼, 광복 직후 자연과학자로서의 꿈을 이룰 수 없었던 시인은, 지난 일을 모두 잊고 새로운 출발을 하고자 했던 것이다. 이와 같은 맥락에서 본다면 시「추억」의 주된 시적 공간을 이루고 있는 인천의 바다는, 그의 생애와 같이 좌절과 포기된 상태에서 탈출과 위안의 장 소로서 역할을 한 것으로 이해될 수 있다. 현재를 과거화하여 새로운 현재를 맞이하고자 했던 당시 그 곳에서의 시인의 바람이, 이 시에는 잘 나타나 있는 것이다. 물론 그렇다고 해서 그것이 쉬운 일이랴? 그 것이 그리 쉬운 일이 아님은 이 시에서 '하루·이틀·사흘'이나 '여 름·가을·겨울'과 같이 시의 화자가 잊고자 하는 시간이 과거만이 아니라 현재에도 지속되고 있음을 통해서 제시되고 있다.

이 밖에 그의 처녀시집『버리고 싶은 유산』에 수록된 작품들 중에서 도,「영종도(永宗島)」등의 시들은, 항구 도시로서 인천의 지역적 특성 을 더욱 확연히 드러내 주고 있어 관심을 끈다. 이 작품들에서는 주변 섬들을 포함하여 당시 인천의 정경이, 그 지역 구성원들의 삶의 모습 과 함께 보다 구체적으로 형상화되어 있는 점을 볼 수 있는 것이다.

---

50) 「'한국의 슈베르트' 작곡가 최영섭 씨」, 『서울신문』, 2005. 6. 27.
51) 조병화, 「김기림(金起林)과 그 주변」, 『떠난세월 떠난사람』, 현대문학, 1989, 14~17면.

　이외에 앞에서 언급한 인천항, 월미도, 송도 관련 시들에서도 인천
의 바다가 작품 배경을 이루고 있는 것을 볼 수 있었는데, 고은의 「인
천 앞바다」나 권용태의 「송도 앞바다」, 최경섭의 「바다」 등도 이에
해당되는 시들이다. 그래서 이들 작품을 좀 더 세세하게 살펴보면 먼
저, 고은의 「인천 앞바다」[52]에서는, "인천 앞 바다 너울진 밤이면"이
나 "인천 앞 바다/떠나는 뱃고동소리"에서처럼 시각적 또는 청각적
심상을 통해, 인천 앞바다가 시의 전반적인 배경을 이루고 있는 것을
알 수 있다. 그리고 권용태의 「송도 앞바다」[53]에서는, "당신을 결별
했던 바닷가,/수심(水深)은 깊어져/발자국은 흔적도 없이/떠내려갔
네."라는 구절에서와 같이, 바닷가 지형의 변화와 함께 님과의 이별의
흔적마저도 이제는 더 이상 찾아볼 수 없는, 시의 화자의 안타까워하
는 마음이 잘 나타나 있는 것을 파악할 수 있다. 더욱이 최경섭의 시
「바다」에서는, 바다를 너로 의인화하여, 그와의 대화를 시도하는 시
의 화자를 접할 수 있게 되어 주목된다.

　　바다야,
　　내가 소리쳐 부르기 전에
　　네가 먼저 나를 손짓하였다.
　　너는
　　나를 가까이 오라고 해서는
　　자꾸만 내 옷깃을 헤쳐 놓았다.
　　너는 나를 시골뜨기로만 아는 모양이다

---

52) 고은, 「인천 앞바다」, 김철성 엮음, 앞의 책, 55면.
53) 권용태, 「송도 앞바다」, 연수문화원 엮음, 앞의 책, 114면.

내가 대견하여 어루만져 주려고 하면
와와 밀려와선 와락 떼밀고 달아나고
내 발끝 손끝을 철썩 핥아 보고는 내뺀다.
바다야,
너는 그렇게도 나를 놀려대기가 좋으냐?

내 입술이 왜 이렇게도 짜냐?
너는 온통 가슴뿐이로구나!
한나절 속속들이 들여다 보아도
네 검푸른 마음을 알 길이 없어―
나는 모래밭을 거닌다……갈매기를 부른다.

― 「바다」[54)]

 "바다야,/너는 그렇게도 나를 놀려대기가 좋으냐?"라는 구절에서
와 같이, 이 시에서 바다는 장난기 있게 묘사되어 있는 것이 특징이
다. 그럼에도 불구하고 2연에서는 그 바다가 또한 포용력 있는 대상
으로 표현되어 있다. 특히 "너는 온통 가슴뿐이로구나!/한나절 속속
들이 들여다 보아도/네 검푸른 마음을 알 길이 없어―"라는 부분이
그러하다. 온통 가슴뿐이어서 그 마음을 알 길이 없다고 한 점이, 이
를 뜻하는 것으로 이해된다는 말이다. 그런데 이는 이 시의 바다가,
앞서 살펴본 조병화 시 「추억」의 그것과 맥락을 같이 한다고 볼 수
있는 근거가 된다. 두 편의 시에서는 모두 바다 기슭을 거닐며 뭔가
생각에 잠겨 있는 시의 화자와 접할 수 있게 되는데, 이는 바다를 포
용력 있는 대상으로 여기는, 시인들의 잠재된 의식이 표출된 결과라

---

54) 최경섭, 「바다」, 『종소리 들으며』, 광화, 1983, 93면.

생각되는 것이다. 이들 시에서 바다가 위로의 장소이면서 대화의 상
대가 되는 이유는, 이 때문인 것이다.

한편 섬이 고향인, 자월도의 김영언, 덕적도의 장석남, 문갑도의
이세기 시인 등의 시에서, 섬뿐만 아니라 바다 관련 작품도 많이 눈
에 띄는 것을 볼 수 있다. 김영언의『아무도 주워 가지 않는 세월』(내
일을 여는 책, 2002)을 비롯하여, 장석남의『새떼들에게로의 망명』(문
학과지성사, 1991)과 이세기의『먹염바다』(실천문학사, 2005) 등에 수
록된 바다 관련 시들이, 이에 해당되는 작품들이다.

① 서산 대부 군자
  염전이란 염전 모조리 떠돌고
  팔미도 떼무리 앞으로 떠오는 주황빛 쌍돛자락
  조금을 묵으며
  더딘 바람으로 떠다니던 바다

  이제
  엉킨 그물을 한 코 한 코 추스르며
  한평생 단단히도 엮어 온
  삶의 매듭을 푸는 아버지의 풍경이
  거센 물살에 휩쓸린 그물 말장에 곧추세우며
  하얗게 부서지는 파도로
  썰물 난 갯벌 끝에서 허청허청 나부끼고 있다

  풀어도 풀어도 묶이는
  그 세월의 매듭

바다

-「아버지의 바다-한리포 전설 19」 전문55)

② 바다에 오면 처음과 만난다
　그 길은 춥다

바닷물에 씻긴 따개비와 같이 춥다

패이고 일렁이는 것들
숨죽인 것들
사라지는 것들

우주의 먼 곳에서는 지금 눈이 내리고
내 얼굴은 파리하다

손등에 내리는 눈과 같이
뜨겁게 타다
사라지는 것들을 본다

밀려왔다 밀려가는 것 사이
여기까지 온 길이
생간처럼 뜨겁다

햇살이 머문 자리

---

55) 김영언, 「아버지의 바다-한리포 전설 19」, 『아무도 주워 가지 않는 세월』, 내일을 여는
　　책, 2002, 93면.

　　　팽이갈매기 한 마리
　　　뜨겁게 눈을 쪼아 먹는다

　　　　　　　　　　　　　　　　　－「먹염바다」 전문56)

　　시①은 김영언의 「한리포 전설」 연작시 중 19번째 작품인데, 시인의 고향 바다이기도 한, 아버지의 바다가 시의 소재로 취해져 있는 것이 특징이다. 이 시에서는 바다에서 한평생을 살아온 아버지의 고단한 삶의 모습이 시각적 심상을 통해 풍경처럼 펼쳐져 있는 것을 볼 수 있는 것이다. 특히 "한평생 단단히도 엮어 온/삶의 매듭을 푸는 아버지의 풍경"이라는 구절에, 이와 같은 특질이 잘 나타나 있다. 바다를 생활의 터전으로, "풀어도 풀어도 묶이는/그 세월의 매듭"을 풀며 아버지는, 그의 생애를 살아온 것이다.

　　이에 비해 이세기 시인의 시집 『먹염바다』의 표제시인 시②「먹염바다」에서는, 바다에서 그 시원(始原)을 응시하는 시의 화자를 접할 수 있게 된다. 추운 그 길에서 그는, "패이고 일렁이는 것들/숨죽인 것들/사라지는 것들"로서의 특성을 지니는 그것을 만나게 된다. 그러나 이후 그는 그 길이 뜨겁다는 것도 느낀다. 시인은 그 길이 지니는 양면성을 깨닫고, 그것을 시각적 또는 촉각적 심상을 통해 보여주는 것이다. 그런데 이 문갑도 가까이 묵도(墨島)로도 불리는 무인도, 먹염 주변, 문갑도 앞바다인 먹염바다는, 지켜져야 할 자연 유산이지만, 그렇지 못할 수도 있다는 우려감이, 다른 시인의 작품에는 표현되어 있기도 하여 주목된다. "먹염바다야/너를 지킬 수 있을까"라는, 신현수 시 「너를 지킬 수 있을까」57)의 한 구절이, 이를 뜻하는 것이다.

─────────────

56) 이세기, 「먹염바다」, 『먹염바다』, 실천문학사, 2005, 14~15면.

2) 항구 또는 포구와 어촌 풍경

인천은 바다와 접해 있을 뿐만 아니라 섬들도 포함하고 있어, 이는 큰 항구 이외에도 작은 포구와 거기서 생활하는 사람들의 모습 등도 시에서 어렵지 않게 볼 수 있게 한다. 그래서 인천항의 개항과 함께 달라진, 그곳 정경(情景)이 담긴 시에 대한 논의는 앞에서 진행한 바와 같다. 박팔양의 「인천항」, 오장환의 「해항도」, 박인환의 「인천항」, 조병화의 「서울 인천을 두고」와 「팔랑버들」 등의 시를 대상으로, 사회 역사적인 측면에서 일제 강점기로부터 6·25 전쟁을 거치는 동안 항도 인천에서의 시인의 체험이 작품을 통해 어떻게 형상화되는가에 대해 파악해 본 것이다. 물론 인천항 관련 시는 이후에도 계속 창작되어, 최승렬의 「인천항」과 최병구의 「새로운 다짐」, 한연순의 「인천항」 등의 작품도 눈에 띈다.

> ① 꿈먹은 넋들이 푸른 깃폭을 달고
>   해원에 펄럭이는 출범의 고동이
>   사랑보다 억세게 핏줄을 흔드는구나
>   그렇다 부두에 눈이 펄펄 내리면
>   테이프 하나 없이라도 너는
>   이별이 하고 싶을 게다
>
> – 「인천항」 부분58)

---

57) 신현수, 「너를 지킬 수 있을까」, 『인천에 살기 위하여』, 다인아트, 2014, 89~91면.
58) 최승렬, 「인천항」, 연수문화원 엮음, 앞의 책, 49~50면.

② 불개미들이 몰려 오던 그날부터
십년째인 오늘까지
우리는 그 진딧물에 멍이 들고 있다.
모다들 헤여지고 동강이 나고
타버린 속에
아직도 수도로 향한 인천역사(驛舍)도
허무러진 채이다.

깨여진 기와장
녹이 슨 도당지붕에서
비오는 날이면 천정에서도 비가 새고
귀여운 어린이들이
껌과 양담배를 팔며 구두를 닦는
고사리 같은 손에 애원(哀願)이 흐른다.

어느 식민지 시절의 도시와 같은
우리의 사랑하는 거리와 마을과
철도연변(沿邊)이 더러워도
이제 우리 모두 마음의 문을 열고
옹졸한 것 모다 버리고 일어서는 날이다.

바다가 마르기한(限) 배가 들어올 항구와
그리고 찬란한 희망과
황량(荒凉)하던 벌판에 녹음이 짙으듯
불개미 기어간 멍든 자리에
오늘도 태양은

보리 푸른 육월(六月)을 익히고 있는 것—

-「새로운 다짐」 부분59)

위에 인용한 두 편의 시는 최승렬의 「인천항」과 최병구의 「새로운 다짐」인데, 이 작품들은 모두 6·25 전쟁 이후 인천항을 배경으로 하고 있다. 그래서 먼저 시①의 앞부분에서는 인천 항구가, "바다의 술을 들이킨 보헤미안의/기항지", 또는 "흘러온 사람들이 모여서/향수를 병처럼 앓고/미운 사람들끼리라도/진실로 미운 사람들끼리라도/헤어지는 슬픔을 가르치는/에미보다 자비론/뉘우침의 부두" 등으로 표현된 것을 볼 수 있다. 그리고 인용된 뒷부분에서는 "꿈먹은 넋들이 푸른 깃폭을 달고/해원에 펄럭이는 출범의 고동이/사랑보다 억세게 핏줄을 흔드는구나"라고 하여, 그곳은 또한 꿈을 지닌 사람들이 출항하는 장소이기도 하다는 점이, 시각과 청각적 심상을 통해 드러나 있다. 시②에서도 "바다가 마르기한(限) 배가 들어올 항구"를 배경으로 새로운 마음을 다지는 시인의 심사(心事)가 시각적 심상을 통해 제시됨이 눈에 띈다.

한편 인천에는 소래포구를 비롯하여 북성포구, 만석포구, 화수포구 등 포구가 있어, 이들 또한 시의 소재 또는 배경으로 취해진 작품들을 볼 수 있다. 물론 이 중에서도 가장 큰 비중을 차지하는 것은 소래 관련 시로, 소래포구를 중심으로 해서 소금창고와 소래마을 등을 그것으로 한, 작품들은 무려 50여 편이나 된다.60) 그래서 이들

---

59) 최병구, 「새로운 다짐」, 『버리고 간 노래』, 선민출판사, 1981, 47~48면.
60) 여기서 소래포구와 직접 관련된 작품은 33편이며, 소금창고와 소래마을 등을 그것으로 한 시는 18편인데, 이 가운데 류제희 시인의 소래마을 연작시 9편은 시집 『논현동 577번지』(메세나, 2003)에, 3편은 시집 『소금창고』(문학의전당, 2011)에 수록되어 있

시에 대해 먼저 좀 더 구체적으로 살펴보면 다음과 같다.

하루에 두 번씩
어김없이 바닷물은 들어오고
시커먼 개흙 일으키며
소래 다리 밑으로 배가 들어오고
찌든 얼굴의 뱃놈들이 들어오고
구정물에 퉁퉁 불은 뱃바닥에
새우가 튀고 게가 긴다

하루에 두 번씩
어김없이 바닷물은
소래 다리 밑을 빠져나가고
갈매기 날리면서 배가 나가고
여기는 새벽의 술집 목로처럼
비릿한 쓰레기만 남는다

풍요와 빈곤의 교차로
바람 부는 성지(聖地)

우리의 아비들은 여기 살지 않았었다
일찍이 충청도 전라도에
그리고 황해도 평안도 거기 태어나
밀리고 밀리면서
떠나고 떠나면서 살아온 우리

는 것을 볼 수 있다.

다 낡은 고깃배가 그렇고
녹슨 새우젓 깡통이 또한 그렇듯
소래 땅은 진작부터 우리들의 것이 아니다

오봉산에 진달래가 피면서
새로 난 아스팔트 길을 따라 모여드는 무리
추위가 오기 전에
우리 서로는 참으로 속아주어야 한다
겨울 바다 칼바람을 막기 위하여
미워하지 않아도 우리는
한껏 서로를 속여야 한다
손에서 손으로 오고가는 지폐들이
결코 우리들의 것이 아님은
숱한 슬픔들을 바치고야 터득했느니
누가 우리에게 정직을 강요하는가

복복 자에 아들자 자
복자 어미라고 했다
몸뻬 입고 매꼬자 쓰고
나이보다 열 살이나 더 먹어 보이는
거칠고도 검은 얼굴
새우젓 국물 흐르는 리어카 한 대에
다섯 식구의 목숨이 달려 있어요
열여섯 살 복자는 일본으로 수출하는
카페트 공장에 다니고
내게는 아직

희디흰 가슴이 남아 있어요

하늘이 만복을 주심인지
소래 입구 예배당 부흥회는
밤마다 북소리 커져가고
만병통치 약장수는
올 때마다 봉을 잡는다
소래여
하늘이 내리시는 만복은 무엇인가
매일매일 조금씩 사라져가는
소래 바다여, 우리들이여

- 「소래」 전문[61]

위의 인용 시는, 신부 시인 호인수의 첫 시집 『차라리 문둥이일 것
을』(1987)에 수록된 작품[62]을 일부 수정하여, 그의 제2시집 『백령도』
(1991)에도 「소래」라는 제목으로 재수록해 놓은 것이다. 원래 신라시
대의 당나라 장군 소정방(蘇定方)이 나당 연합군으로 백제를 정벌할
때 이곳에 왔다(萊)고 해서 그 이름이 붙여졌다고 전해지는 소래(蘇
萊). 그 소래포구의 광경을 이루는 대상들로는 여러 가지가 있다. 저
녁노을을 배경으로 하늘을 나는 갈매기 떼와 귀환하는 어선들, 즐비
하게 늘어서 있는 좌판 점포의 상인들과 물건을 싸게 사기 위해 흥정
하는 손님들, 갯골을 가로질러 놓여 있는 협궤 철교와 그 곳을 건너는
사람들……. 이처럼 그곳은 과거의 시골 어촌과 현재의 도시 풍경이

---

61) 호인수, 「소래」, 『백령도』, 실천문학사, 1991, 110~113면.
62) _____, 「소래」, 『차라리 문둥이일 것을』, 일선출판사, 1987, 53~56면.

어우러져 있어, 사람들로 하여금 낭만을 즐기게 한다. 그런데 이와 같이 소래포구가 관광 어촌으로 널리 알려지게 된 데에는 수십 년의 세월이 흘러야 했다. 즉 그것이 생기게 된 유래는 1930년대 후반으로 거슬러 올라간다. 이 지역에서 많이 생산되는 천일염(天日鹽)을 일제가 수탈해 가기 위해 수인선을 건설하면서 작업하는 인부들과 염전에서 일하는 사람을 실어 나르기 위해 나룻배 한 척을 처음으로 천연 포구인 소래포구에 대기 시작한 것이 그 배경이 된 것이다. 그 후 1960년대 초에 실향민들이 그곳에 가서 고기잡이에 종사하게 된 것을 필두로, 어업에 종사하는 사람들의 수가 많이 증가하게 되었다. 이와 함께 어선도 개량되고 어선 수도 늘어나게 되었다. 또한 수인선을 이용하여 수원이나 인천 등지에서 상인들이 몰려오고 일반 소비자들이 구경삼아 찾아오기 시작하면서 직접 거래가 활발히 이루어지며 선착장 및 공판장을 비롯하여 포구의 기반 시설이 마련되었다. 특히 각 방송사의 프로그램을 통해 그곳이 더욱 알려지게 되면서, 소래포구를 찾는 사람들의 수는 해마다 증가하게 된 것이다. 이렇게 볼 때 이곳은 외형적으로 많이 발전되어 온 것으로 이해할 수 있다. 그러면 여기서 실제 살아온 사람들의 삶에 있어서는 과연 어떠한 변화가 있어 왔는가?

시 「소래」에서 시의 화자로 설정된 '우리'가 들려주는 자신들의 삶에 대한 이야기는, 실제 그곳에서 살아온 사람들의 삶의 실상을 짐작해 볼 수 있게 해준다. 먼저 4연에는 이들이 본래 조상 때부터 이곳에서 태어나서 자란, 본토박이가 아니라는 사실이 밝혀져 있다. 이는 "우리의 아비들은 여기 살지 않았다/일찍이 충청도 전라도에/그리고 황해도 평안도 거기 태어나/밀리고 밀리면서/떠나고 떠나면서 살아온 우리"라는 구절에 잘 나타나 있다. 그러므로 이와 같이 밀려 떠나온 이들에게서 소유란 애당초부터 기대할 수 없는 것이었다. "다 낡은 고깃배가 그렇고/녹슨 새우젓 깡통이 또한 그렇듯/소래 땅은 진작부터 우리들의 것이 아니다"라는 시구처럼, 처음 그곳으로 이주해 간 이들에게 가진 것이란 아무것도 없었던 것이다. 그런데 이후 이들의 삶에 있어서도 가난이 지속되었음은, 이어진 5연에서 알 수 있다. '겨울 바다 칼바람'으로 표상되는 바와 같이 혹독하게 살아가기 어려운 삶의 현실 상황 속에서는 서로 간에 속임이 난무하기 마련이며, 이러한 가운데서는 부가 오히려 정직하지 않은 사람들의 몫이 되었던 것이다. 그래서 이렇게 궁핍하게 살아갈 수밖에 없는 사람들의 삶의 모습은, 6연의 복자 어미의 그것에서도 볼 수 있다. 새우젓 소매를 하며 다섯 식구의 생계를 책임져야 하는 복자 어미는, 얼마나 고생하며 살았는지 제 나이보다 열 살이나 더 먹어 보이는 것이다. 결국 시「소래」는 1980년대를 배경으로 비록 빈곤하더라도 정직하게 살아가는 그곳 사람들의 삶을 통해, 우리 사회가 진정 추구해야 할 가치가 어떠한 것인가를 다시금 일깨워 준다는 점에서 의미 있는 작품이라 하겠다. 세월이 흐른다 하여도 사라져서는 안 될 것이 삶의 진실이기 때문이다.

이처럼 소래포구와 직접 관련된 시들에서는 그곳의 광경이 시대 상황 또는 역사, 사람 등과 함께 작품으로 형상화된 것을 볼 수 있다. 이와 같은 맥락에서 소래포구 가는 길의 소금창고나 소래마을 등을 시의 소재 또는 배경으로 해서 쓰인 작품들도 살펴볼 수 있다.

① 소래포구 가는 길목 저 멀리
　하나 둘 허물어진 소금창고
　숱한 삶의 꿈 펼치던 그 화려하던 염전엔
　갈대만 무성하다

　개발이라는 이름은 여기도 왔는가
　씩씩하게도 밀어내는 불도저 소리에
　허옇게 소금기 먹은 갯벌들의 눈물

　갈대와 허물어진 창고
　그거라도 두면 좋으련만

　갑자기 나타난
　길 잃은 갈매기

　그대들은 어디서 왔는가
　우리는 무엇을 하는가

　헐어진 창고 위엔
　사월의 바람만 휑하니
　흘러간 시간을 더듬고 있다

- 「소금창고 1」 전문[63]

② 낯익은 풍경 뿌리째 뽑혀나간
　최씨네 포도밭 너머

---

63) 김진학, 「소금창고 1」, 연수문화원 엮음, 앞의 책, 105~106면.

논현 신도시 팻말 하나씩 박히더니
목 부러진 허수아비가 여기저기
벌집같이 쑤셔놓은 마을을 점령하고 있습니다.

아랫도리가 파헤쳐진 오봉산
뻘건 흙비린내 온통 소문으로 퍼지고
이주해온 사람들, 이권다툼의 현장
너나없이 핏발 선 이기심만
프리미엄으로 얹어지는 소래마을
터전 잃은 산뒷마을 사람들
마당가 노오란 들국처럼
여기저기 물러앉았습니다.

조그만 포구, 마을로 향한
사람의 길은 지워지고
저 스스로 풀 한 포기 자라지 않는
유비쿼터스, 완벽한
꿈에그린, 해피트리, 뜨란채, 웰카운티

　　　　　　　　　　　－「논현 신도시–소래마을 13」 부분64)

　위에 인용한 작품은 김진학의 「소금창고 1」과 류제희의 「논현 신
도시–소래마을 13」인데, 두 편은 모두 개발이라는 이름으로 허물어
진 소금창고와 뿌리째 뽑혀나간, 낯익은 소래마을 풍경 등을 시로 나
타낸 것이 특징이다. 그래서 이들 작품에서는 소래포구 가는 길의 소

---

64) 류제희, 「논현 신도시–소래마을 13」, 『소금창고』, 문학의전당, 2011, 40~41면.

금창고와 소래마을이 이전과 크게 달라진 것을 볼 수 있다. 과거 그
곳에는, 숱한 삶의 꿈 펼치던 그 화려하던 '염전'과 '포도밭', '오봉
산', 마을로 향한 사람의 '길' 등이 있었다. 그렇지만 개발로 인해 지
금 거기서는 옛 모습을 찾아볼 수 없다는 것이다. 이처럼 이들 시에
는, "허물어지고/파헤쳐지고/지워지고/자라지 않는", 삶의 현실에서
눈에 띄는 것은, '길 잃은 갈매기'와 '터전 잃은 산뒷마을 사람들'뿐이
라는 점이, 부정과 상실의 심상을 통해 사실적으로 표현되어 있다.

소래포구 이외에도 북성포구, 만석포구, 화수포구 등의 포구가 인
천에는 있어, 이들 또한 시의 소재 또는 배경으로 취해진 작품들을
여러 편 볼 수 있다.

> ① 갯바위 굴봉도 얼어
> 살얼음 붙은 영하의 날씨
> 사리 지나 북성부두
> 굴막촌 할멈 일곱이서
> 눈밭에 앉아
> 까마귀처럼 앉아
> 강굴 청파래 박대묵을 내놓고 앉아 있습디다
> 하늘에서는 진눈깨비가 내리고
> 하염없이 하염없이
> 까만 눈을 똑 뜨고 앉아 기다립디다

– 「북성부두」 전문[65]

---

65) 이세기, 「북성부두」, 『언손』, 창비, 2010, 27면. 정경해 시집 『미추홀 연가』(문학의전
당, 2012, 13면)에도, 이와 관련된 시 「인천 31-북성동」이 수록되어 있는 것을 볼 수
있는데, 여기에는 특히, "북성동 거리는 아직도 부둣가 인부들의 휘청대던 가난한 발자
국을 좇는 듯, 알 수 없는 눈물을 질금대고 있다."는 구절처럼 가난한 부둣가 인부들의

② 사방에서 피어나는 잡비린내
　부두는
　노쇠한 창부처럼 자빠져 물때를 기다리고 있다
　한 떼의 괭이갈매기들이 바다를 뒤집는다
　오래전에 몸을 던진 춘천여인숙 어린 화자(花子)의
　식은 눈빛이 저만치서 걸어온다
　발이 묶인 배들은 고기떼 몰려오는 낮꿈을 꾸고
　바다 늙은이 햇빛으로 그물을 깁고 있는데
　들려온다 철썩
　처얼써억
　굴 껍데기 같은 그의 가슴 한복판에서
　만석부두 우는 소리

－「만석부두에 들어」 부분66)

③ 국적도 구별 없는 통나무들이
　슬그머니 바다를 몰아내고
　부두를 메우고 있다

　아이들은 징검다리 건너며
　조금씩 바다와 친해지려 한다
　기적소리 틈으로 조개탄을 훔쳐온 아이는
　잠시 냉기 지운 방안에서 단잠을 잔다

삶의 현실과 그에 대한 슬픔이 잘 나타나 있다.
66) 김정희, 「만석부두에 들어」, 『벚꽃 핀 길을 너에게 주마』, 문학의전당, 2007, 45면.
만석부두 관련 시에는 박일환의 「만석부두」(『끊어진 현』, 삶이보이는창, 2008)와 엄태경의 「만석부두」(『그 집은 따뜻하다』, 다인아트, 2003) 등도 있다.

풀잎 돋은 갯벌
물마저 빼앗긴 아이는

석양빛 물든 통나무 안고
바다와 다짐을 한다
꿈은 더 넓고 깊다고

- 「화수부두」 전문67)

위에 인용한 시들은 북성포구, 만석포구, 화수포구 등 포구와 관련
된 작품들인데, 전체적인 분위기가 대체로 한산(閑散)한 것이 특징이
다. 강굴과 청파래, 박대묵 등을 내놓고 앉아 손님을 기다리고 앉아
있는 굴막촌 일곱 할멈이나, 고기떼 몰려오는 낮꿈을 꾸고 있는 발이
묶인 배들, 슬그머니 바다를 몰아내고 부두를 메우고 있는 국적도 구
별 없는 통나무들은, 모두 이를 나타내 주는 객관적 상관물(客觀的 相
關物, objective correlative)인 것이다. 실제로 1970년대 이후 산업화
시대의 공업 발전은 인천 앞바다를 오염시켰을 뿐만 아니라, 사람들
이 공장에 막혀 바다에 접근하는 것을 어렵게 하여, 만석포구, 화수
포구 등 작은 포구들은 그나마 명맥만 유지할 뿐 거의 그 기능을 상
실해가고 있다.68) 이처럼 산업화에 따른 주변 환경의 변화는 작품에

---

67) 김동환, 「화수부두」, 김철성 엮음, 앞의 책, 104면. 화수부두 관련 시에는 김철성의
「화수부두」(『꽃섬에서 부르는 노래』, 삼정, 2003)와 이세기의 「화수부두」(『언손』, 창
비, 2010), 정경해의 「인천 49-화수부두 할머니」(『미추홀 연가』, 문학의전당, 2012)
등도 있다. 그런데 이 중에서 특히 김철성의 「화수부두」(앞의 책, 59면)는, "너 이제
깊은 세월의 잠에서 깨어나라/너 이제 잠에서 깨어 녹슨 부두 다시 열고/신 새벽 만선
의 기쁨 다시 맞으라"라는 구절에서처럼, 새로운 미래에 대한 기대 또는 요구를 나타내
고 있어 주목된다.
68) 이영민, 「인천의 문화·장소·흔적 : 문화지리로 인천 읽기」, 『역사와 문화지리로 보는

도 영향을 미쳐, 북성포구, 만석포구, 화수포구 등 포구 관련 시들에서는 그것이 오히려 한산한 분위기를 자아내고 있음을 볼 수 있다. 그곳을 지키는 사람들은 늙은이 아니면 아이들뿐으로, 그들은 좁아진 바다로 가는 길에서 손님 또는 물때를 기다리거나, 더 넓고 깊은 꿈을 이루기를 다짐하는 것으로 형상화되어 있다.

이와 같이 시대 상황의 변화와 함께 달라진 인천 어촌의 지리적 특성과 그로부터 느끼게 되는 시인의 감회가 잘 나타나 있는 작품은 다음과 같은 것도 있다.

> ① 1
> 어제는 낚싯대를 메고 인천교를 건넜다. 우리 어린 날의 꿈을 줍던 바다는 검은 침묵에 잠겨 있고 지금은 흔적조차 사라진 염전 뚝길을 따라 지평을 넘는 고속도로가 창녀처럼 질펀하게 누워 있었다. 옹기종기 처마 맞댄 초가마을 한낮의 정적을 흔들며 갈대밭 사이로 넘나들던 벌거숭이 아이들의 해맑은 웃음소리 사라진 개건너 사료공장 양철지붕 위에 궁싯대는 비둘기 몇 마리 꾸룩꾸룩 서글피 울고 있었다.
> — 「여름엽서(葉書)」 부분[69]

> ② 조개골 하얀 길
> 망태기 호미 챙겨
> 아침나절 물 써 나가면
> 서둘러 갯벌을 나가는 여자

인천』, 인천광역시 역사자료관, 2011, 198~199면.
69) 최무영, 「여름엽서(葉書)」, 김철성 엮음, 앞의 책, 26면.

참새 같은 어린 것 생각에
정강이가 빠져도
품 들여 돈 캐는 일이 급했다.

남정네는 일찍
먼 바다 고기밥 되고
여자는 전생(全生)을 갯벌에서
작은 꿈 키우고 있었다.

도시개발 바람이 몰아쳐 오던 날
산을 끌어다 갯벌을 깔고
다져버린 그녀의 삶터는
구름 뚫고 치솟은 고층 아파트 숲,

언덕배기 딱지만한 그녀의 집은
구석대기 그늘에 달랑 남겨지고
그녀는 날마다
낡은 어구(漁具) 패대기쳐
울며 뒹굴었다.

슬픔과 울분
가슴에 묻어 두고
마지막 떠난 고갯길에
조개껍질 수북이 쌓여 있었다.

－「조개고개」 전문70)

---

70) 최전엽, 「조개고개」, 『멀리 보이는 숲이 아름답다』, 북스토리, 2005, 118~119면.

위의 인용 시는 최무영의 「여름엽서(葉書)」와 최전엽의 「조개고개」
인데, 이들 작품은 지금은 그 흔적조차 찾아볼 수 없고 이름으로만
남아 있는 인천교와 조개고개를 시의 소재 또는 배경으로 취하고 있
는 것이 특징이다. 그래서 먼저, 산문시 형태의 시①에서는 인천교의
염전 둑길과 벌거숭이 아이들의 해맑은 웃음소리가 사라졌다고 표현
되어 있는 것을 볼 수 있다. 그런데 지금 사라진 것이 어디 그것뿐이
겠는가? 창작 시점이 아닌 독서 시점을 기준으로 현재, 낚싯대를 메
고 인천교를 건너는 사람이나 개건너 사료공장 양철지붕 위에 궁싯
대는 비둘기를 본다는 것은 상상하기 어렵다. 시②에서도 도시개발
은 "산을 끌어다 갯벌을 깔고/다져버린 그녀의 삶터는/구름 뚫고 치
솟은 고층 아파트 숲"으로 바꿔놓았다는 점을 나타내고 있다. 남편과
일찍 사별하고 한평생을 갯벌에서 작은 꿈을 키우며 살아왔지만 개
발로 인하여 삶의 터전을 잃고 그곳을 떠날 수밖에 없었던, 한 여인
의 서글픈 일생이 서사적으로 표현되어 있는 것이다. 이처럼 두 편의
시에서는 모두 개발로 인한 어촌의 지리적 변화와 함께 그로부터 느
끼게 되는 시인의 서글픈 심사가, 울음과 같은 청각적 심상을 통해
잘 드러나 있는 것을 볼 수 있다.

3. 산, 추억의 공간을 오르며

인천 시편에서 산을 시의 소재나 배경으로 취하고 있는 작품은 대
략 50여 편 정도에 이르는 것으로 파악되는데, 이들 시에서는 거마산
(1편), 계양산(6편), 관모산(1편), 만월산(1편), 문학산(연경산 또는 배꼽

산, 15편), 봉재산(1편), 부처산(3편), 소래산(6편), 수도국산(5편), 수
봉산(1편), 월미산(3편), 장수산(1편), 청량산(8편) 등의 산을 그것으로
하고 있다. 그래서 여기서는 이들 시 중에서도 특히, 인천의 지역적
특성을 잘 나타내 준다고 판단되는, 수도국산과 부처산, 문학산(연경
산 또는 배꼽산)과 봉재산, 그리고 월미산 관련 작품들을 중심으로 해
서, 실제로 이들 시에서는 그 산들이 어떻게 인식되며 표현되고 있는
가에 대해 좀 더 구체적으로 살펴보고자 한다.

1) 사라진 수도국산과 부처산

수도국산과 부처산은 인천의 주요 산에 포함되지 않는다.[71] 주요
산에 포함되지 않을뿐더러 지금은 그 흔적조차 찾기 어렵다. 그럼에
도 불구하고 이들 산은 여러 시인들에 의해 시의 소재나 배경으로 취
해진 바 있다. 그래서 이들에 대해 더욱 세세하게 살펴보면 다음과
같다.

> 성당 2층 창 너머로 보이는
> 황토빛 저 흙더미 속엔
> 내가 살던 집이 묻혀 있다
>
> 내 아이의 어줍잖은 그림도
> 깨진 항아리도
> 낡아서 버린 구두도……

---

71) 인천광역시, 『인천의 산과 하천』, 인천광역시 역사자료관, 2006, 19면.

　　슈퍼, 약국, 목욕탕, 연탄집
　　모두 저 황토 속으로 사라졌다.

　　사람들은 모두 어디로 갔을까
　　민희네, 정우네, 광수네, 선진이네······

　　저녁 어스름 해 기울고
　　황토는 말없이
　　세월을 삼킨다.

– 「수도국산 달동네·1」 전문72)

　위에 인용한 시는 허선화의 「수도국산 달동네·1」인데, 여기에는 개발로 인해 자기가 살던 집은 말할 것도 없고, 이웃 가게들까지도 흙속에 파묻혀 사라지는 현실 상황이 잘 제시되어 있다. 특히 "묻혀 있다/사라졌다"라는 서술어를 통해 이전 것은 이제 더 이상 볼 수 없음을 드러내고 있다. 그런데 파묻혀 사라지는 것이 어디 옛 건물이나 물건뿐이겠는가? "사람들은 모두 어디로 갔을까"라는 구절은, 이렇게 갑작스럽게 들이닥친 개발로 인해 뿔뿔이 흩어지게 된 이웃 사람들에 대한 걱정과 함께 그리움을 나타낸 것으로 이해된다.

　이처럼 주거환경개선사업으로 그 옛 모습은 수도국산 달동네 박물관에서나 찾아볼 수 있게 되었는데, 이 수도국산의 본래 이름은 만수산 또는 송림산이었다. 그러다가 1909년 산 정상에 상수도 배수지가

---

72) 허선화, 「수도국산 달동네·1」, 김철성 엮음, 앞의 책, 56면. 이외에도 수도국산 관련 시로는, 김영언의 「겨울 우화」(『아무도 주워 가지 않는 세월』, 내일을여는책, 2002)와 이희란의 「송현 마루에서」(『꽃섬에서 부르는 노래』, 삼정, 2003), 한연순의 「수도국산 달동네 박물관」(『돌담을 쌓으며』, 진원, 2008) 등이 있다.

생기면서 이는 수도국산으로 불리게 된 것이다. 그리고 이때를 전후한 시기부터 일본사람들에게 쫓겨난 사람들과 고향을 북에 둔 실향민, 충청·호남 등지에서 일터를 찾아온 사람들의 안식처가 된 곳이 바로 그곳인데,[73] 지금은 아파트들이 마을을 이루게 되었다.

이와 같이 지금은 실제 그 흔적조차 찾기 어렵지만, 작품을 통해서는 그 자취를 더듬어 볼 수 있는 산에, 부처산이 있다.

> 나 어렸을 때
> 어른들은
> 부채산
> 부채산이라고들 했다.
>
> 내가 학교에서
> 처음으로 원족을 갈 때
> 선생님은
> 부처산이라고 말씀하셨다.
>
> 거기에는 돌부처가
> 여든 여덟 개나 있어서
> 팔십 팔개소라고도 한다고
> 말씀해 주셨다.
>
> 부처산엘
> 어디로 어떻게 갔는지

---

73) 김철성 편저, 『동구이야기』, 삼정, 2000, 15~17면.

통 모르겠는데
가보니깐
평범한 길 양 옆에
돌부처들이 쫙 늘어서 있고

등나무 꽃들이
줄줄이 늘어져 있어서
왠지
어두웠다는 기억이 난다.

해방이 되고
부처산 이야기는 못 들었는데
지금 보니
거기가 동산중고등학교쯤 된다 하고
내 생각엔 박문 여자 중고등학교나
그 뒤
선인 고등학교쯤 되지 않을까 싶다.

어쨌거나
내 첫 번째 원족 가던 곳
또 우리 고장에
소풍도 갈 수 있는 산 하나 없어진 것이
지금도 아쉽기만 하다.

　　　　　　　　　　　　　　　　- 「부처산」 전문74)

---

74) 홍명희, 「부처산」, 김철성 엮음, 앞의 책, 47~48면.

위의 인용 시는 홍명희의 「부처산」인데, 이 작품에는 부처산 또는 팔십 팔개소라는 이름의 유래(2·3연)와 어린 시절 그곳에 원족 갔을 때의 기억(4·5연), 위치(6연)와 함께, 지금은 그 산이 없어진 것에 대한 아쉬움(7연) 등이 표현되어 있다. 특히 이 시의 7연에서는, "어쨌거나/내 첫 번째 원족 가던 곳/또 우리 고장에/소풍도 갈 수 있는 산 하나 없어진 것이/지금도 아쉽기만 하다."라고 하여, 그 아쉬움이 단지 개인적 차원에서 추억의 장소를 잃었기 때문만이 아니라, 고장의 차원에서 소풍 갈 수 있는 산을 잃었기 때문이라고 나타내고 있는 점은 주목을 요한다. 학생들이나 주민들이 소풍 갈 수 있는 장소 하나를 없애기는 쉬워도, 다시 만든다는 것은 결코 쉬운 일이 아니기 때문이다. 물론 안태근의 「부처산에서」[75]와 김정자의 「나그네는 길을 잃었다」[76] 등의 시에서도 부처산에 서 있는, 시의 화자를 접할 수 있게 되어, 이들 시에서의 부처산이 홍명희의 작품에서의 그곳과 같은 장소인지는 확인이 필요하지만 말이다.

2) 병든 문학산과 봉재산

인천의 주요 산 중 하나인 문학산은, 비류백제와 함께 면면히 이어져 온 성스러운 산이자 인천의 역사를 둘러볼 수 있는 산이다. 그래서 인천 시편에서는 이러한 문학산을 시의 소재나 배경으로 취하고 있는 작품이 여러 편 눈에 띄는데, 이들 시에서는 이와 관련된, 시인의 개인적이거나 사회 역사적인 측면에서의 체험이 작품으로 잘 형

---

75) 안태근, 「부처산에서」, 위의 책, 41면.
76) 김정자, 「나그네는 길을 잃었다」, 위의 책, 43면.

상화된 것을 볼 수 있다.

먼저 박경순은 「배꼽산」(1)~(5)와 「배꼽산」6~8 등 8편의 시를 썼
는데, 이들 작품에는 어린 시절 그곳으로 소풍 갔을 때의 추억과 함
께, 늘 거기에 계셨던 아버지에 대한 그리움, 터널 공사로 인해 산허
리가 잘릴 것에 대한 염려 등 다양한 내용이 표현되어 있다.

① 조개 고개나
　　송도 유원지나 아님
　　배꼽산으로
　　손가락 안에 들던 소풍지(地)

　　서글픈 도시락에
　　시린 4월이 앉는다

　　선물 하나 제대로
　　선생님께 주지 못했던 그 때
　　황사 바람에 자꾸
　　마음이 추웠다

　　　　　　　　　　　　　　　　　　　　－「배꼽산 (2)」 부분[77]

② 산에는 진달래가 붉어
　　그 진한 진달래가 흐드러지게 피는데
　　사람들은
　　그 허리를 자르려 합니다

77) 박경순, 「배꼽산 (2)」, 『새는 앉아 또 하나의 시를 쓰고』, 시와시학사, 1997, 46면.

온통 산에는
그리움으로 가득한데
사람들은
그리움을 자르려 합니다
큰
일
이
났
습
니
다

- 「배꼽산·6」 전문[78]

시①은 그의 시집 『새는 앉아 또 하나의 시를 쓰고』에 수록된 「배꼽산」 연작시 (1)~(5) 중 (2)에 해당되는 작품인데, 어린 시절 그곳으로 소풍 갔을 때의 추억이 잘 나타나 있다. 당시 소풍지로는 앞에서 언급한 바 있는 조개 고개나 송도 유원지도 있었다는 점 또한 알 수 있게 해 준다. 더욱이 "선물 하나 제대로/선생님께 주지 못했던 그때/황사 바람에 자꾸/마음이 추웠다"라는 구절에는, 선생님을 생각하던 그때 시인의 따뜻한 마음이, 촉각적 심상을 통해 구체적으로 잘 드러나 있어 읽는 이의 마음도 훈훈하게 해 준다.

산 정상에 봉긋하게 솟은 봉화대의 모습이 멀리서 보면 마치 사람의 배꼽 모양 같았다고 하여 일명 배꼽산이라고도 불리는 문학산은,[79] 그곳에서 아버지께서 돌아가시기 전에 약초를 캐시는가 하

---

78) 박경순, 「배꼽산·6」, 『이제 창문 내는 일만 남았다』, 포엠토피아, 2002, 70면.

면,[80] 옛날이야기를 들려주시기도 하여,[81] 시인이 그를 그리워하는 장소로[82] 묘사되기도 한다. 그렇지만 문학산 터널 공사로 인해 산허리가 잘릴 것이라는 소식은, 그 산과 관련된 여러 추억을 간직하고 있는 시인에게 그에 대한 위기감 또는 염려를 가져오게 하여, 이를 작품으로 형상화한 것이 바로 인용 시②로 볼 수 있다. 물론 문학산은 주변의 산지들과 같이 동서 방향으로 비교적 높게 뻗어 있어, 인천의 시가지가 남쪽으로 확대되는 것을 막고 있는 형상이다.[83] 그래서 이와 같은 인천의 지리적 특성상 지역의 균형 발전을 위해 터널 건설의 중요성이 주장될 수도 있다. 그럼에도 불구하고 산허리의 잘림이 시에서 그리움의 잘림으로 이어진다는 것은, 이것이 한 개인의 차원에서만이 아닌 집단적 차원에서도 고민해 보아야 할 과제라는 점에서, 시사하는 바가 실로 적지 않다고 판단된다.

이에 비해 이가림의 시 「배꼽산」에서는, 그 산이 비류백제와 함께 면면히 이어져 온 성스러운 산이자 인천의 역사를 둘러볼 수 있는 산이라 말하지만, 실제로는 그렇지 않다는 사실을 제시하고 있어 주목된다.

　　옛 비류(沸流) 백제의 배꼽
　　다 문드러진 흉터 자국이나마
　　찾아볼 수 있을까 해서

---

79) 조우성, 「문학산」, 『인천이야기 100장면』, 인아트, 2004, 29면.
80) 박경순, 「배꼽산 (1)」, 『새는 앉아 또 하나의 시를 쓰고』, 시와시학사, 1997, 44~45면.
81) _____, 「배꼽산·7」, 『이제 창문 내는 일만 남았다』, 포엠토피아, 2002, 71면.
82) _____, 「배꼽산·8」, 위의 책, 72면. 이와 같이 문학산을 배경으로 아버지에 대한 그리움을 나타낸 시로는, 한창원의 「문학산」(『협궤열차가 지고 간 하루』, 다인아트, 2013, 50~51면)도 있다.
83) 인천광역시, 『인천의 산과 하천』, 인천광역시 역사자료관, 2006, 11면.

그 꼭대기에 올라
두 눈을 씻고 또 씻어
두리번거려 보지만
버짐 먹은 배꼽산엔 배꼽이 없다

아아, 슬픈 미추홀 땅이여!
푸르른 생기 뛰놀던 혈맥마다
쇠못에 찔려
거의 뇌사 직전의 빈사상태로 나자빠진
시든 몸뚱어리가 되고 말았는가

등허리에 올라서서
힘껏 발을 굴러 보아도
옆구리를 쿡쿡 찔러
잠깨워 보아도
그저 힘겨운 듯 고개를 들어
거무스레한 안개 두른 먼 도시를
멀거니 내려다볼 뿐
큰 기침 소리 한번 시원스레
내지르지 못한다

그래도 아직은 이끼를 기르는 바위가
숨 쉬고 있고
그래도 아직은 굴참나무 숲길에
사람들이 던져주는 새우깡 따위를 주워 먹는
다람쥐 새끼들이 놀고 있기에,

커다란 금속 배꼽을 단 레이더가
쉬임없이 빙글빙글 돌고 있는
일그러진 산을
오늘도 오른다

-「배꼽산」 부분[84]

　본래 문학산에는 백제가 건국될 무렵 비류왕이 쌓았다는 옛 성의 일부가 남아 있는데 삼국시대 이래 인천의 산성(山城)으로 역할을 해왔다. 그리고 조선초기에는 전쟁 등의 큰 일이 일어났을 때 연기나 불길로 이를 알리기 위한 목적의 봉수대(烽燧臺)가 축조되었다. 하지만 이 봉수대는 1950년대 말 문학산 일대에 군부대가 주둔하면서 그 터마저도 모두 없어졌고 지금은 군사기지가 대신 들어서 있다. 과거에는 봉수대가 있었던 자리에 레이더기지가 들어서 있었다고 한다.[85] 이렇게 볼 때 인천 역사의 발원지라 할 수 있는 문학산은, 남북이 대치되어 있는 상황에서 큰 아픔을 겪고 있는 것으로 이해할 수 있다. 군부대의 주둔은 많은 소중한 유물들을 훼손시켰을 뿐만 아니라 자연환경도 심각하게 오염시켰던 것이다.

　위에 인용한 시 「배꼽산」에는 이와 같은 문학산의 아픔이 인간의 신체적 고통에 빗대어 표현되어 있다. 이는 특히, "쇠못에 찔려/거의 뇌사 직전의 빈사상태로 나자빠진/시든 몸뚱어리"라는 구절에 잘 나타나 있다. "잠깨워 보아도/그저 힘겨운 듯 고개를 들어/거무스레한 안개 두른 먼 도시를/멀거니 내려다볼 뿐/큰 기침 소리 한번 시원스레/내지

84) 이가림, 「배꼽산」, 『바람개비별』, 시와시학, 2011, 136~137면.
85) 인천지리답사모임 「터사랑」, 『인천땅 '이만큼 알기』, 다인아트, 2005, 36~38면.

르지 못한다"고 함으로써, 그 상태가 심각하다는 점을, 다음 구절에서는 다시 강조해서 보여준다. 그럼에도 불구하고 이 시 「배꼽산」이 여기서 끝나지 않고, 그 문학산이 다시 회생할 수 있다는 가능성을 제시해 주고 있는 면은, 이 작품을 희망적으로 해석할 수 있게 한다. 이 시 마지막 5연의 "아직은 이끼를 기르는, 숨 쉬고 있는 바위"와 "아직은 굴참나무 숲길에/사람들이 던져주는 새우깡 따위를 주워 먹는/다람쥐 새끼들"은, 이와 같은 해석을 가능케 하는 근거가 되기 때문이다. 물론 "그래도 아직은"이라는 시구의 반복을 통해, 지금의 이와 같은 상황에서 더 이상 나빠져서는 안 된다는 것을 전제로 하고 있기는 하지만 말이다.

한편 문학산성을 따라 왼쪽으로 바라보면 봉재산이 보인다. 그런데 1998년 이곳 봉재산 미사일 기지에서 오발 사고가 일어났다. 근처에 미사일 기지가 있는 줄도 몰랐던 주민들은 전쟁이 난 듯 혼비백산했다. 이 사건 이후 봉재산 방공포 기지이전 여론이 거세졌고, 2005년 이 기지는 영종도로 옮겨졌다. 봉재산 미사일 사건이 없었다면, 송도국제도시 주민들은 언제 터질지 모르는 방공포의 포문과 마주보고 살아야 했을지도 모른다.[86] 이것이 '봉재산 미사일 사건'인데, 김영승의 시집 『흐린 날 미사일』의 표제작에는 이 사건이 등장한다.

> 나는 이제
> 느릿느릿 걷고 힘이 세다
>
> 비 온 뒤
> 부드러운 폐곡선 보도블럭에 떨어진 등꽃이

---

86) 「김영승이 말하는 '시와 삶의 자리'」, 『경인일보』, 2014. 12. 4.

나를 올려다보게 한다 나는
등나무 페르골라 아래
벤치에 앉아 있다
자랑스러운 일이다

……(중략-필자)……

미사일 날아갔던 봉재산엔
보리밭은 없어졌고
애기똥풀 군락지(群落地)를 지나
롤러스케이트장 공원
계단 밑 노인(老人)들 아지트는
멀리서 보면 경회루(慶會樓) 같은데
내가 그 앞에 있다

……(중략-필자)……

허공(虛空)의 등나무 덩굴이
반달을 휘감는다

급(急)한 일?
그런 게 어딨냐

— 「흐린 날 미사일」 부분[87]

위의 인용 시에서는 제목과 "미사일 날아갔던 봉재산엔/보리밭은

---

87) 김영승, 「흐린 날 미사일」, 『흐린 날 미사일』, 나남, 2013, 47~49면.

없어졌고"라는 구절을 통해, 이 시가 '봉재산 미사일 사건'과 관련되어 있다는 점을 알 수 있다. 이 사건 이후, 미사일이 발사되었던 봉재산과, 오발 미사일 파편이 쏟아졌던 동네의 변화된 모습을 나타내 주고 있는 것이다. 그런데 이 시에서는 그 달라진 모습만이 아니라 시의 화자의 심경도 보여 준다. 1연의 "나는 이제/느릿느릿 걷고 힘이 세다"와 8연의 "급(急)한 일?/그런 게 어딨냐"라는 구절에서처럼, 시의 화자는 마음의 여유를 보인다. 이는 큰 사고를 겪고 난 후 이와 같은 심경의 변화를 일으키게 된 것으로 짐작된다.

3) 되찾은 월미산

인천의 주요 산 중 하나인 월미산은, 50여 년 동안 주둔해 있던 해군사령부가 지난 2001년 평택으로 옮겨가면서 시민의 품으로 돌아왔다. 월미산을 오르는 길옆에는 우리나라 최초의 무선전신소 등을 소개해 주는 안내문들이 있으며, 월미도 정상에 오르면 다른 곳에서는 볼 수 없는 경관이 있다. 비록 육지로 연결되어 '섬 아닌 섬'이 되었지만 사방으로 시원하게 펼쳐진 바다와 인천이 항구도시라는 것을 가장 잘 느낄 수 있게 해준다. 정상에 서서 천천히 회전하며 둘러보면 국제공항이 있는 영종도와 영종대교, 자동차 부두와 월미도 갑문, 정유공장과 곡물저장고, 송도신도시, 대한제분, INI스틸 등 인천의 모습을 파노라마식으로 둘러볼 수 있는 감동이 있는 곳이다.[88]

인천 시편에서는 이러한 월미산을 시의 소재나 배경으로 취하고 있는 작품이 3편 정도 눈에 띄어, 이에 대해 좀 더 구체적으로 살펴

---

88) 인천지리답사모임 「터사랑」, 앞의 책, 32~34면.

보면 다음과 같다.

> 월미산에 와서 나는 여전히 네이팜탄의
> 불길과 미군 함정의 함포사격과 옛 정보국 자리
> 녹슬어가는 소문들을 생각하고,
> 송신탑이 박혀 있는 산머리
> 어두운 방공호 속을 들여다본다
>
> 거기 우리가 스스로 키운
> 금지된 시간들 속을 살아 저희들끼리 보듬고 있는
> 이름을 알 수 없는 풀들 어떤 역사나 믿음보다
> 먼저 제 몸을 찾아 기우는 햇살에도
> 환하게 물들어가는 저 나무숲이, 얼마나 많은 바람과
> 햇빛과 눈비와 꽃들이 나의 기억을 지울 수 있을까
>
> 바라보면 하인천 너머 만석동 소금기도 없이
> 바래어가는 오래된 공장들의 침묵과
> 저물기도 전에 벌써 지쳐버린 바다
>
> 나는 산을 내려와 기름덩이 폐수와 아우성
> 네온싸인 불빛들을 토하고 있는 파도를 보며
> 좌판에서 잔술을 마신다 방파제에 부딪쳐
> 낮게 스러지는 물소리가
> 어둑하게 저물어가는 먼 데 섬들 너머
> 달을 띄울 때까지

－「월미산에서」 3～5연[89]

위의 인용 시는 박영근의 「월미산에서」인데, 이 작품에는 월미산의 개방과 함께 그곳에 올라 그에 대한 좋지 않은 기억을 지우고 싶어 하는 심정이 잘 피력되어 있는 것이 특징이다. 과거 폐쇄된 현실 상황은 불신을 초래하여 사실을 왜곡해서 받아들이게 했다. 그렇지만 개방으로 인해 믿음이 회복될 수 있었던 것이다. 이러한 면은 아래에 인용한 유정임의 시 「월미산」에서도 마찬가지로 알 수 있다.

> 너는 철조망 안에 갇혀 있었다
> 네 안에 줄딸기는 선혈이 낭자했고
> 너는 혹이 달린 병신 나무고
> 너는 미쳐서 밤마다 도깨비춤을 추었고
> 네 안에서는 아무 것도 울지 않았고
> 너는 뿔 달린 공산당이었다
> 너는 그랬다
> 우린 널 볼 수 없었으므로
>
> 철조망을 걷고 너를 만난 날
> 너는 혹이 달린 병신 나무도 아니었고
> 미쳐 밤마다 춤추던 도깨비도 아니었고
> 너는 뿔 달린 공산당도 아니었다
> 왕벗나무 졸참나무 누리장나무 병꽃나무가
> 인동넝쿨 털별꽃아재비 참나리 고마리가
> 작고 크고 비틀린 것들이 서로 어우러져
> 갑문 안으로 큰 배 한 척 끌어들이고 있었다.

89) 박영근, 「월미산에서」, 연수문화원 엮음, 앞의 책, 62~63면.

　　　　까치 한 마리가 반갑게 울며 날아갔다

　　　　　　　　　　　　　　　　　　　　　－「월미산」 전문90)

　이 시는 두 연으로 이루어져 있는데, 앞의 1연과 뒤의 2연이 대비
되는 특성을 보인다. 특히 1연의 6행까지와 2연의 4행까지가 그러하
다. 1연 7·8행의 "너는 그랬다/우린 널 볼 수 없었으므로"라는 구절
에서와 같이, 시의 화자를 포함한 우리는 너로 의인화된 월미산이 철
조망 안에 갇혀 있었으므로, 그를 볼 수 없었다. 그래서 그를 심지어
뿔 달린 공산당이라 생각할 정도에까지 이르게 된 것이다. 그렇지만
철조망이 걷히고 월미산을 보게 되었을 때, 그러한 오해는 불식될 수
있었다. 그러므로 2연 5행부터 7행까지에서는 그 실제 모습이 사실
적으로 잘 묘사되어 있는 점을 볼 수 있는데, 나무나 풀 등이 서로
어우러져 있는 것이 그것이다. 이와 관련하여 나머지 끝부분에서는
큰 배 한 척이 갑문 안으로 끌어들인다든지, 까치 한 마리가 반갑게
울며 날아간다든지 하는 것처럼 평화롭고 자유로운 형상이 그림처럼
표현되어 있는 점이 눈에 띄는데, 이는 월미산의 개방 이후 달라진
주변의 모습이면서 동시에 시인의 심사(心事)라고 할 수 있다.

　더욱이 월미산의 개방과 함께 달라진 현실 상황은 시의 화자의 마
음까지도 열어 놓았음을 구체적으로 보여주는 시가 있어 주목된다.

　　　　이제 나는 총부리를 겨누고 생의 해안선을 살피지 않는다
　　　　마음 놓고 드나드는 봄 햇살에 몸을 맡기고
　　　　새 날개짓 소리에 나무 이파리를 흔들 뿐

---

90) 유정임, 「월미산」, 『작가들』, 2004. 6, 109면.

> 부동의 자세로 서 있던 군경도 사라지고
> 숲 안쪽 군막사도 텅 비었다
> 텅 빈 채 열려 있어 나는 바람과 함께
> 드나드는 추억의 그림자를 이끌고
> 순환로를 따라 돌아간다
> 서해의 개방과 함께 들어오는 화물선
> 차곡차곡 쌓인 물건들이 빛나는 아침
> 정상에서 환하게 다 보인다
> 환하게 나 열려 있다
>
> ― 「월미산」 부분91)

인용한 시는 정민나의 「월미산」인데, 여기서는 '사라짐'과 '비임'의 심상을 통해 월미산의 개방과 함께 달라진 현실 상황을 구체적으로 잘 나타낸 것이 특징이다. 특히 "부동의 자세로 서 있던 군경도 사라지고/숲 안쪽 군막사도 텅 비었다"라는 구절이, 월미산의 개방과 함께 달라진 실상을 단적으로 잘 나타낸 부분이다. 이와 함께 "서해의 개방과 함께 들어오는 화물선/차곡차곡 쌓인 물건들이 빛나는 아침/정상에서 환하게 다 보인다"라는 구절이, 그 이후 달라진 주변의 모습이라면, "환하게 나 열려 있다"라는 시구는 '열림'의 심상을 통해 변화된 시인의 심사를 드러낸 것으로 이해된다.

---

91) 정민나, 「월미산」, 『꿈꾸는 애벌레』, 배꼽마당, 2003, 26~27면.

4. 삶의 공간을 찾아서

1) 집과 마을 혹은 동네

인천 시편에서는 사람들이 주거하는 장소로서의 집과 사람들이 모여 사는 공간으로서의 동네가 여럿 제시되는 것을 볼 수 있는데, 신포동(42편)과 송림동(23편), 부평(18편), 동인천(16편), 숭의동(10편), 수문통(8편), 학익동(6편), 화평동(6편), 도원동(5편), 구월동(4편), 답동(4편), 만석동(4편), 십정동(4편), 화수동(4편), 도화동(3편), 송학동(3편), 송현동(3편), 신흥동(3편), 율목동(3편), 창영동(3편), 가좌동(2편), 경서동(2편), 괭이부리마을(2편), 송월동(2편), 청천동(2편), 경동(1편), 계산동(1편), 금창동(1편), 동춘동(1편), 만수동(1편), 문학동(1편), 산곡동(1편), 옥련동(1편) 등이, 이에 해당되는 곳이다. 33장소와 관련된 190편의 작품을 볼 수 있는 것이다.

그래서 이들을 좀 더 구체적으로 살펴보면 먼저 신포동 관련 시에서는, 근대 개항의 처녀지인 그곳에서 힘들게 살아갈 수밖에 없는 시대적 아픔이 잘 드러나 있는 것이 눈에 띈다는 점은 앞에서 언급한 바와 같다.

그리고 다음으로 많이 창작된, 송림동 관련 시에서는 이른바 달동네라 불리는 가난한 동네인 그곳의 특성이 잘 나타나 있는 것을 볼 수 있다.

아버지의 사업 실패로
깡그리 망한 채 이사한
송림동 똥 고개

깡 시장을 끼고 집을 가노라면
생전 들지도 못한 갖은 욕설이
멜로디처럼 들려온다

옥신각신 혈투를 하듯
덤을 달라 주고 뺏는 어른들의 모습
사춘기 나이에 겪은
치열한 생존경쟁의 연민

똥 냄새,
배추 썩는 냄새,
마음 찌든 사람들의 냄새,

대저택에서 쫓겨 나온
우리 가족의 상실한 마음
치열한 인생의 장면들을 바라보며
뒤돌아보는 삶의 회한.

- 「송림동 똥고개」 전문92)

　　위의 인용 시에서는 아버지의 사업 실패로 송림동에 이사하게 된,
한 사춘기 청소년을 시의 화자로 설정하여, 그의 가족이 느끼게 된
상실감과 삶의 회한을, 청각과 시각, 후각 등의 다양한 심상을 통해
나타낸 것이 눈에 띈다. 특히 이는, "옥신각신 혈투를 하듯/덤을 달
라 주고 뺏는 어른들의 모습/사춘기 나이에 겪은/치열한 생존경쟁의

---

92) 오사라, 「송림동 똥고개」, 『울림의 노래』, 영언문화사, 2003, 40면. 오사라의, 같은
　　시집에 실린, 송림동 관련 시에는, 「송림동 샛골」도 있다.

연민//똥 냄새,/배추 썩는 냄새,/마음 찌든 사람들의 냄새,"라는 구절에 잘 드러나 있다. 이처럼 그곳에 대한, 좋지 않은 기억은 한연순의 시 「송림동 똥고갯길」에도 잘 드러나 있다. 이 작품에서도 "시멘트 두께에 갇혀있는 냄새들"[93]이라는 시구에서와 같이 청각적 심상을 통해, 이를 나타낸 것을 볼 수 있다.

이렇게 가난한 그곳의 현실 상황을 청각적 심상을 통해 드러낸 시에는 다음과 같은 것도 있다.

> 그 해 겨울 어름에 우리는 송림동 산8번지
> 낯선 동네로 이사를 했다
> ······(중략—필자)······
> 그 밤 동네 개울 옆 무당집에서는 징 소리가 요란하고
> 골목 끝 길가 소줏집에서는 긴긴 젓가락 장단이 처량했다.
> 달빛이 눈보라처럼 흩날리는 공터에 웅크리고 앉아 나는
> 그 소리들이 차마 슬퍼 울어 버릴 때
> ······(중략—필자)······
> 거기 어디메쯤 개짖는 소리 자지러져 달빛을 흐려놓고
> 공사장에 돌아오는 젊은패들의 술취한 노랫소리와
> 해수 앓는 늙은 어미를 두고 빠져나오는 처녀의 구둣소리가
> 골목 가득 노곤했다
> 봄은 아직 멀었으나 사람들은 때때로 양지녘에 모여앉아
> 은근한 희망을 담배 연기처럼 푸르게 내뿜었기 일쑤
> 가난과 함께 은혜주지 못하는 나라를 기어이 절망했다
>
> —「산비탈 그 동네」 부분[94]

---

93) 한연순, 「송림동 똥고갯길」, 『공기벽돌 쌓기 놀이』, 조선문학사, 2006, 31면.

인용 시에서처럼 "무당집 징 소리/소줏집 젓가락 장단/공사장에 돌아오는 젊은패들의 술취한 노랫소리/해수 앓는 늙은 어미를 두고 빠져나오는 처녀의 구둣소리" 등 노곤한 삶을 살아가는 사람들에 의해 들려지는 여러 소리는, 골목 가뜩 울려 퍼져 시의 화자인 나를 슬프게 만들었던 것으로 표현되어 있다. 더욱이 "가난과 함께 은혜 주지 못하는 나라를 기어이 절망했다"라는 구절을 보면, 그때 그곳에서의 심각한 가난이 나라에 대한 절망으로 연결되어 있어 주목된다.

그런데 조혜영의 시 「언덕 위의 그 방」을 보면, 그와 같은 현실 상황이 지금도 크게 달라지지 않았다는 점이 나타나 있어 관심을 끈다.

> 언덕 위의 그 방 사글세방
> 정거장 가는 길 여전히 가파르다
> 송림 4동 철탑 밑의 작은 내 방
> 동화책만한 창문에서 새어나오는
> 침침한 형광등 빛
> 마른 장작 같은 나무대문
> 15년 만에 찾아와
> 나를 만난다
>
> 야근하고 돌아와 라면 끓이던 곳
> 번개탄으로 불붙이면 새벽녘에야
> 언 몸 달래주던 그 방
> 숨죽여 노동법과 역사를 토론하던 방
> 선배의 눈빛에 마음 주다

---

94) 나덕춘, 「산비탈 그 동네」, 김철성 엮음, 앞의 책, 62~63면.

반성문 쓰며 울었던 방
노조를 만들던 날
동료들과 부둥켜안은 방
스무 살 더듬이가 유난히 빛을 내며
숨고르기 벅찼던 그 곳

구멍가게 앞 막걸리 좌판도
철물집 할아버지도 모두 여전한데
사글셋방만 남겨놓고
나만 멀리 떠났구나

– 「언덕 위의 그 방」[95]

인용 시에는 15년 전 시의 화자가 사글세를 살던 송림4동 철탑 밑의 작은 방이 공간적 배경으로 설정되어 있다. 특히 2연에는 그가 거기서 살았을 때의 추억이 사실적으로 잘 묘사되어 있다. 더욱이 3연에는 그곳의 모습뿐만 아니라 사람들[96]도 전과 다름이 없는데, 자신만이 멀리 떠나고 없음에 대한 아쉬움을 나타내고 있어 관심을 끈다. 그곳은 지금 그대로라는 것이다. 물론 창작 시점과 독서 시점이 같은 것은 아니어서, 이 시가 읽히고 있는 현재에는 이 작품이 쓰였을 때

---

95) 조혜영, 「언덕 위의 그 방」, 『검지에 핀 꽃』, 삶이 보이는 창, 2005, 15~16면. 조혜영이 쓴 송림동 관련 시에는 「송림동 사람들·1-개똥」과 「송림동 사람들·2-빨래」, 「송림동 사람들·3-절집」 등도 있다.

96) 송림동 관련 시에서 눈에 띄는 인물로는, 마모된 리어카를 왼손 하나로 밀고 가는 '반벙어리 송씨'와 시장통에 좌판을 꾸려 놓고 찐 고구마를 파는 '깡마른 할머니',(정세훈, 「송씨의 리어카」·「송림 시장통」, 김철성 엮음, 앞의 책, 11~13면) 그리고 "황해도서 날아와/바다가 있는 포구에 사는/송림동(松林洞) 학(鶴) 할아버지"(이석인, 「송림의 학소리」, 위의 책, 103면) 등이 있다.

와 달라진 점이 있을 수 있다. 이와 같은 맥락에서 최무영과 이종복의 송림동 관련 시가 시사하는 바는 적지 않다.

> ① 동구 밖 야트막한 언덕배기에
> 널따랗게 그늘 벌린 느티나무도
> 보이지 않고
> 오뉴월 아침의 금빛 햇살 사이로
> 달디 단 향기 날리던
> 아카시아 숲도 사라져 버린 동네.
>
> 그 휑하니 빈 자리마다
> 낯선 건물들만 들쭉날쭉 들어차
> 옛 기억조차 희미한데
> 연탄가게 아저씨며 솜틀집 할머니
> 내 어여쁜 어린 각시와 십형제집 아이들은
> 모두 어디서 어떻게들 살고 있을까.
>
> ……(중략–필자)……
>
> 햇빛 한 점 들지 않던
> 북향의 오두막 한 채
> 머언 그리움으로 남아
> 불현 듯 눈시울이 더워지는
> 사월 한 낮의
> 안송림 골목길.

잿빛 추억의 파편을 헤집어
건져내는 고향의 흔적은
마른 눈물자국처럼 아득하고
아는 얼굴 하나 없는 낯선 길가에
우두커니 서 있는 내 여윈 그림자
홀로 서러웠다.

– 「안송림을 지나며」 부분[97]

② 손가락을 다쳐
　열 바늘 꿰매고 나니
　온몸이 쑤셔온다

　……(중략–필자)……

　파헤쳐진 살점은
　두 번 다시
　돌아오지 않았다

　따라서 모든 상처에는
　아픔이 저장돼 있다
　다시,
　손가락이 아파온다
　세상이 온통 상처투성이다.

– 「송림동 재개발지구」 부분[98]

---

97) 최무영, 「안송림을 지나며」, 김철성 엮음, 앞의 책, 27~28면.
98) 이종복, 「송림동 재개발지구」, 『신포동, 그 낯익음에 대한 낯설음』, 다인아트, 2009,

앞의 「언덕 위의 그 방」과 달리, 시①에서는 그곳의 모습뿐만 아니라 사람들도 전과 달리 사라졌음에 대한 아쉬움을 나타내고 있어 주목된다. '보이지 않는 느티나무'와 '사라져 버린 아카시아 숲'뿐만 아니라 '그곳을 떠난 동네 사람들'은, 시의 화자로 하여금 그에 대한 그리움과 함께 자신에 대한 서러움마저 느끼게 함을 드러내고 있다. 빈자리마다 들어선 건물들은 거기서 살던 사람에게 오히려 옛 기억조차 희미하게 해 놓았음을 보여주고 있는 것이다.

이에 비해 시②에서는 재개발지구를 상처투성이에 빗대어 표현하고 있는 것이 특징이다. 특히 이는, "손가락이 아파온다/세상이 온통 상처투성이다."라는 구절에 잘 나타나 있는데, 송림동 재개발지구는 지금 재개발로 인하여 오히려 병을 앓듯 고통을 겪고 있다는 것이다.

이처럼 위에서 살펴본, 송림동을 소재 또는 배경으로 한 시에서는 가난 또는 재개발 등과 관련해서 거기서 느끼게 되는, 상실감과 삶의 회한, 절망, 아쉬움, 그리움, 서러움, 고통 등의 정서가 작품으로 형상화된 것을 볼 수 있었다. 대체로 부정적이거나 비관적인 내용이 담긴 시들이 눈에 많이 띄었던 것이다. 그럼에도 불구하고 김철성의 「송림동 달동네」와 홍명희의 「인천시 동구 송림동」 등의 작품에서는 그와 같은 상황에서도 맑게 꿈을 지니며 살아가는 사람들의 모습을 나타내 주고 있어 관심을 끈다.

> ① 연탄장수 권씨네 집
> 열매 빨갛게 익은 산사나무들

67면. 이종복의, 같은 시집에 실린, 송림동 관련 시에는, 「입춘대길」과 「활터고개」도 있다.

사이에 두고
홍련암과 기쁨의 교회가
마주보고 있다.

주일마다
염불소리와 찬송가 소리가
샘물처럼 흘러
서로 몸을 섞는다

송림동 달동네
하늘이 되고 땅이 되고
맑은 공기가 된다.

그 공기 속으로
날아가는 새들도
송림시영아파트 공원마당
해맑은 아이들도
외국인 노동자들도
낮술에 취한 취객들도
강아지들도

네 것
내 것 다툼 없이
가슴깊이 들어 마신다.

– 「송림동 달동네」 전문99)

---

99) 김철성, 「송림동 달동네」, 『검은 강물, 서늘한 바람』, 시와사람, 2013, 42~43면.

② 인천시 동구 송림동
내가 시집 와서
삼십여년을 살아 오는 동네

옛날에는
소나무가 울창하던
산이었을 터
지금은
높고 낮은 터전에다
올망 졸망이
아니면
높직한 아파-트 건물들이
빼곡히 들어찬 주택지대
서울로 가는 로터리를 돌아서
학교, 시장, 병원, 은행, 학원
시민들의 애환이 담기는 고장

밤이면
창문마다 일렁이는 불빛들이
내일의 꿈을 일깨워 준다.
나의 고장
송림동

– 「인천시 동구 송림동」 전문[100]

먼저 시①은 김철성이 쓴 「송림동 달동네」인데, 이 시에서도 배경

---

100) 홍명희, 「인천시 동구 송림동」, 『조용히 그리고 환하게』, 삼정, 2000, 102면.

은 제목과 같이 송림동 달동네이지만, 여기에는 상실감이나 삶의 회
한 등 부정적이거나 비관적인 정서가 표출되어 있지 않다. 대립되는
상황에서도 조화를 이루며 평화롭게 살아가는 삶의 모습이 제시되어
있는 것이다. 마주보고 있는, 홍련암과 기쁨의 교회에서 주일마다 흘
러나오는, 염불소리와 찬송가 소리가 서로 몸을 섞는다는 것이 그러
하고, 날아가는 새들과 해맑은 아이들, 외국인 노동자들, 낮술에 취
한 취객들, 강아지들이 가슴 깊이 맑은 공기를 들어 마시며 네 것 내
것 다툼 없이 살아가고 있다는 것도 그러하다.

여류 시인 홍명희의 시②에도 시민들의 애환이 담겨 있는 고장으
로 송림동의, 옛날과 달라진 지금의 모습이 담겨 있다. 그런데 이 작
품에서도 절망보다는 꿈이 표현되어 있는 것은, 앞에서 언급되었던
시들에서는 쉽게 찾아볼 수 없었던 점이다. 이는 특히, 이 작품의 3
연 "밤이면/창문마다 일렁이는 불빛들이/내일의 꿈을 일깨워 준다./
나의 고장/송림동"이라는 구절에 잘 나타나 있다. 밤의 어둠에 대비
되는 불빛의 밝음 이미지가 꿈과 연결되어, 내 고장 송림동의 미래가
결코 어둡지 않음이 자연스럽게 드러나 있는 것이다.

한편 시인들에게 오래 기억되는 장소 중 하나로 동인천이 있는데,
특히 백서은이 쓴 「동인천」 연작시[101]에는, 그곳에서의 추억뿐만 아
니라 그곳의 풍정도 잘 나타나 있어 주목된다.

① 나의 살던 고향은 …….
　중앙시장 굴다리 지나
　송림동 고개 길로 넘어

---

101) 백서은, 「동인천」1~15, 『하루 안에 있는 그대』, 자료원, 1998.

황토 빛 대문 열고 들어간다

내가 울면 아버지는
공원 가자 앞서고
중앙시장 양복점 지나
시계 수리점에 닿으면
잘 안다는 당신네는
담소하시고
납작한 부품에 감긴 용수철이
떨고 있다

아버지는
소유할 수 있는 공간을 꿈꾸고
나는
비행기 타고 솜사탕 먹는
아이를 보고
늘
팔각정으로 오르는 아버지는
월미도와 군함을 보자고 한다.

나의 살던 고향은 …….
언덕과 바다로 얼룩졌다

－「동인천·2」 전문[102]

② 발자국이 다가온다 부딪치는 낯모를

---

102) 백서은, 「동인천·2」, 위의 책, 52~53면.

언어의 행진과 더불어

작아 보이고 안타까움이 더해 가는

미지수로 거리는 온통

북새통을 이룬다

옛부터 익숙하던 길 앞이

돌부리 헤쳐 걷는 양으로 힘이 든다

밀려오는 항구의 바람은

낯모를 도시로 달음박질치게 하는

사내였는지도 모르는 일.

거침없이 활보하는

아스팔트 위론 어제가 보이지 않는다

비좁아 껄끄러운 언덕길

그 위로는

듬성듬성 뻗어서 상상하지도 못하던

풍경들로 범벅이 됐다

– 「동인천·4」 전문[103]

먼저 시①은 백서은이 쓴 「동인천·2」인데, 여기서는 시의 화자인 내가 살던 고향이 언덕과 바다로 얼룩진 곳으로 기억되는 것을 볼 수 있다. 내가 살던 집은 송림동 고갯길 너머에 있는 황토 빛 대문 집이었지만, 내가 울면 그의 아버지는 바다가 보이는 공원으로 데리고 갔기 때문일 것이다. 그래서 그곳에 이르면 아버지와 나는 각자 꿈을 꾸었는데, 아버지가 소유할 수 있는 공간을 꿈꾸었다면, 나는 한 아이처럼 비행기를 타고 솜사탕을 먹기를 바랐던 것으로 표현된다.

---

103) 백서은, 「동인천·4」, 위의 책, 55면.

이와 같이 시①에서는 그의 고향이 아버지와 함께 꿈을 꿀 수 있었던, 언덕 너머에 집이 있고 공원에서 바다를 볼 수 있는 곳이었다면, 시②에서는 이와 많이 달라져 있는 고향의 모습을 시로 형상화하여 관심을 끈다. 이제 그의 고향은 낯모를 도시로 바뀌어 있다는 것이다.

또한 인천 시편에서 큰 비중을 차지하는 장소 중 하나로 부평이 있다. 그곳은 시인의 실제 거주지 또는 생활 공간으로뿐만 아니라, 부대(部隊) 및 공장 소재지 등으로, 그와 관련된 작품들이 여럿 눈에 띄게 하는 계기를 마련했던 것이다. 그래서 먼저, 박영근과 신현수의 다음 시들에서는 시인의 실제 거주지 또는 생활 공간과 관련하여 부평의 구체적인 특정 장소가 시의 배경을 이루고 있는 것을 볼 수 있다.

① 1.
　기왓장을 울리는 빗소리 속으로 낡은 집 한 채 흘러간다

　깨어져 빗물이 새는 기왓장들 사이를
　천막쪼가리들이 안간힘으로 깁고 있는,
　손바닥짜리 마당이 남향으로 나 있는
　그 집

　공단 마을의 단칸방들과 골목을 떠돌다
　처음으로 대문 밖을 향하여 이름을 내걸며 웃던,
　인천시 부평구 부평4동 10의 22번지

　　　　　　　　　　　　　　　　　－「낡은 집」 부분[104]

---

104) 박영근, 「낡은 집」, 『별자리에 누워 흘러가다』, 창비, 2007, 45면. 박영근 시인 2주기 추모식에서 박일환이 읽었던, '박영근 시인을 생각하며'라는 부제가 붙은 시 「최병은

② 신촌성결교회 앞집
　수근약국 옆집
　백설 세탁소 안집
　아버지가 지은 집
　……(중략–필자)……
　친척이 사준 바니 드롭프스
　동생에게 뺏길까 봐 두려워
　몰래 숨겨 놓고
　하루에 한 알씩 몰래 꺼내 먹던 집
　인천시 북구 부평3동 284번지 (2통 5반)

－「희미한 옛 세월의 그림자·7」[105]

　위의 두 편의 시에서는 모두, "인천시 부평구 부평4동 10의 22번지" 또는 "인천시 북구 부평3동 284번지 (2통 5반)"과 같이, 부평의 구체적인 특정 장소가 시의 배경을 이루고 있는 것이 눈에 띈다. 그런데 그곳은 둘 다 작품을 창작한 시인들이 각기 실제 거주했던 체험 장소이기도 하여, 이 점이 작품의 사실성을 높여 주는 요인으로 작용한다고 볼 수 있다. 그곳은 시①에서와 같이 시의 화자가 처음 집을 장만한 곳이거나, 시②에서처럼 어린 시절 추억을 간직할 수 있는 곳으로, 당시 시대 상황과 관련하여 비록 가난할지라도 웃음을 자아내

씨 댁 옆집」에서도, "인천시 부평4동 밤하늘 위로/흘러가는 별자리/그 아래 무엇이 남았는가/소멸을 꿈꾸는 자세로/마지막 흰빛/한 줄 시만 남았는가"(『끊어진 현』, 삶이보이는창, 2008)라고 하여 부평4동이 시의 배경을 이루는 것을 볼 수 있다.

105) 신현수, 「희미한 옛 세월의 그림자·7」, 『인천에 살기 위하여』, 다인아트, 2014, 73~75면. 신현수의 「희미한 옛 세월의 그림자·8–신촌성결교회」(위의 책, 76면)도 이와 같은 작품이다.

던 장소로 표현되어 있는 것이다.

다음으로 부평을 시의 소재 또는 배경으로 취하고 있는 작품에서 드러나는 두 번째 특성은, 부대 관련 시가 여러 편 눈에 띤다는 점이다. 특히 신현수의 「에스캄」과 「에스캄 신정문 쪽으로 난 좌회전 신호등」, 「팔공오칠」 등이, 이에 해당되는 작품이다.

남들은 어릴 때 뛰어 놀던 곳이 뒷동산 금잔디일지 몰라도
나 어릴 적 뛰어 놀던 곳은 누가 뭐래도 에스캄이다.
남들은 어릴 때 가장 큰 명절이 추석인지 설인지 몰라도
나 어릴 때 가장 큰 명절은 누가 뭐래도 미군의 날이다.
나 잊을 수 없는 미군의 날
해마다 가슴 설레며 손꼽아 기다리던 미군의 날
에스캄에 마음놓고 들어갈 수 있었던 미군의 날
헬리콥터도 태워 주고
구내 기차도 태워 주고
미제 사탕도 주고 미제 쪼꼬렛도 주고
슬쩍 사무실에 들어가 미제 휴지도 훔치고 미제 연필도 훔치고
매일 미군의 날만 계속 된다면 얼마나 좋을까

……(중략-필자)……

나 이제 사십이 다 되어 가는 어른이 돼서
아파트 베란다에 나가 담배를 피우며
옛 생각 하면서
나 어릴 때 놀던 에스캄을 바라다보며 서 있다.
나 태어나기 전부터 거기에 있었던 에스캄

나 어린 시절 추억이 담겨 있는 곳 에스캄

왜 나 사십이 다 되어 가는 지금까지

그 넓은 땅을 차지하고 있는지

원래 에스캄은 그들의 땅인지

의문도 없이

고향을 바라보듯이

추억에 젖어

담배를 피우며

나

에스캄을

바라다보고

서

있다.

-「에스캄」 부분106)

　이 시의 제목인 에스캄은, 1953년부터 부평구 산곡동 산15, 산20, 270, 332, 333번지 일대 16만 평에 자리잡은 부평 미군기지(캠프마켓, Camp Market)를 일컫는 말로, 원래 이 자리는 일제 말기 대륙 침략을 위해 일제가 세운 조병창(造兵廠)이 있었던 곳이다.107) 골짜기 속에 들어 있어 적에게 잘 보이지 않아 안전했을 뿐만 아니라 교통이 편리하여 부평 미군 부대 자리가 군수 공장이 자리 잡기엔 더 없이 좋은 곳이었다고 할 수 있었겠다. 물론 1980년대에 대부분의 시설과 인력이 빠져나가고 지금은 약 9명 정도의 미군과 40여 명의 군속,

---

106) 신현수, 「에스캄」, 『이미혜』, 내일을여는책, 1999.
107) 인천지리답사모임 「터사랑」, 『인천땅 '이만큼 알기'』, 다인아트, 2005, 169면.

200여 명의 한국인 군무원이 빵공장, 폐차장, 인쇄소 등을 운영하고 있다고 한다.[108] 그래서 이와 같은 에스캄과 관련된 시인의 어린 시절 추억이 담겨 있는 시가 바로 위에 인용한 「에스캄」인데, 이는 특히 "남들은 어릴 때 뛰어 놀던 곳이 뒷동산 금잔디일지 몰라도/나 어릴 적 뛰어 놀던 곳은 누가 뭐래도 에스캄이다."라는 구절에 단적으로 잘 나타나 있는 것을 볼 수 있다. 과거 그곳에서의 추억은 시의 화자로 하여금 지금도 거기를 고향처럼 생각하게 하지만, 이제 사십이 다 된 그가 그곳의 소유권에 대한 의문을 보이기도 하는 시가, 다름 아닌 이 작품인 것이다. 더욱이 이후 그가 발표한 시 「에스캄 신정문 쪽으로 난 좌회전 신호등」에서는 미군에 대한 호의적이기보다는 오히려 적대적인 태도를 보일 뿐만 아니라, 에스캄의 위치가 지역 발전의 저해 요소로 작용하고 있음을 나타내 주기도 하여 주목된다.

그날 그 무더웠던 여름날,
어느 양공주 이모 장례식 날,
에스캄 정문 앞에서
양공주 이모들이
상여를 매고
땀 반 눈물 반 범벅인 채
소리치며 울부짖으며
문 열라고
꽃상여로
들이받았던

---

108) 위의 책, 170~171면.

에스캄 정문

그 문 열릴 줄 모르고

구경하던 어린 우리들은

영문도 모르지만

그냥 미국 놈들이 미워

철문 안에서 웃고 있는 미군 놈에게 쑥떡만 먹였지.

……(중략−필자)……

옮겨간 에스캄 신 정문 쪽으로 난

좌회전 신호 때문에

에스캄으로 드나드는 차 하나 없는데

멍청히 서 있어야 하는 에스캄 신 정문

16만평 넓은 곳에 미군은 9명밖에 안 산다는 에스캄

그러나 2008년까지는 더 기다려줘야 하는

에스캄 신 정문 쪽으로 난 좌회전 신호등

　　　　　　　　　　− 「에스캄 신정문 쪽으로 난 좌회전 신호등」 부분[109]

　위의 인용 시에서도 앞부분에서는 어린 아이를 시의 화자로 설정하여 과거 그곳에서의 추억을 나타내고 있지만, 여기서는 어느 양공주 이모의 죽음을 내용으로 담고 있다. "미군 장갑차에 깔려죽은 효순이 미선이보다/더 처참하고 억울한 죽음이었는지 몰라."[110]라고 하여, 그 이유를 구체적으로 밝혀 주고 있지는 않지만, 막연하게나마 처참하고 억울한 죽음이었을 것이라는 의구심을, '눈물' 또는 슬픔의 심상을 통해 제시해 주고 있는 것이다. 이에 비해 이 시의 뒷부분에

---

109) 신현수, 「에스캄 신정문 쪽으로 난 좌회전 신호등」, 『시간은 사랑이 지나가게 만든다더니』, 이즘, 2009, 179~181면.
110) 위의 책, 179면.

서는 30여 년도 더 지난 지금 옛날 양공주 이모들의 흔적은 하나도 없이 사라졌고 에스캄에서 종사하는 사람들의 수도 상당히 줄었지만, 부대는 그대로 남아 있어 불편을 주고 있다는 사실이 좌회전 신호등의 설치에 빗대어 표현되고 있는 점을 볼 수 있다. 2008년까지는 더 기다려줘야 그 불편함에서 벗어날 수 있다는 것이다. 물론 도심 한가운데 위치해 군사적 기능을 상실한 캠프마켓 이전이 최초엔 2008년 계획됐지만, 글로벌 금융위기 이후 재정난을 겪는 미국이 평택기지 조성 사업을 더디게 추진하면서 2016년 전후로 이전 시점이 늦춰졌다는 기사 내용은,[111] 실제 그 기다림의 시간이 연장되었다는 점을 알려 주고 있기는 하지만 말이다.

한편 한국 자동차 산업의 한 축을 차지했던 대우자동차 부평공장의 구조조정 및 정리해고 또한, 그곳을 배경으로 한 시의 창작을 가져오는 계기가 되었음을 알 수 있다.

> ① 2001년 4월 10일 인천은 지옥이었다.
> 2001년 4월 10일 인천 대우자동차 앞은 지옥이었다.
> 2001년 4월 10일 인천 대우자동차 앞에 모인 우리 노동자들에게
> 인권? 그 말은 웃기는 짜장이었다.
> ……(중략-필자)……
> 그 날 2001년 4월 10일, 인천 대우자동차 앞에서 우리 노동자들은 지은 죄도 없이
> 왜 아스팔트 위에 내동댕이쳐져야 하는지
> 왜 구둣발로 짓밟혀야 하는지

---

111) 「캠프마켓 이전 '2017년 말' 전망……전작권 포기 영향」, 『시사인천』, 2015. 1. 7.

아무리 곰곰이 생각해봐도 알 수 없었지만,

망한 회사를 왜 우리 노동자만 책임져야 하는지

왜 우리만 집도 뺏기고 직장도 잃어야 하는지

아무리 곰곰이 생각해봐도 알 수 없었지만,

……(중략-필자)……

그 날, 2001년 4월 10일, 인천 대우자동차 앞에서 우리들은

일단 맞아 죽지 않고 살아남는 게 중요한 일이었다.

2001년 4월 10일 인천, 그곳은 지옥이었으므로.

- 「2001년 4월 10일, 인천」 부분[112]

② 아슬아슬한 고공농성투쟁 현장

GM대우 부평공장 정문 앞

해고 노동자 복직을 위한

시 낭송하며 울었다

IMF 시절, 대우자동차 인근에 살았다

구조조정 정리해고로

삶의 터전에서 내몰리는 노동자들을 보았다

공장 담에 매달린 장미넝쿨 같아서

비정규직을 위한 노래

〈향기를 주마〉 노랫말의 근원이 된

시 「급소」와 「향기」를 지었다

……(중략-필자)……

---

112) 신현수, 「2001년 4월 10일, 인천」, 연수문화원 엮음, 앞의 책, 138~139면.

십여 년 전이나 지금이나
달라지지 않은 해고 노동자
원직 복직을 위해
시가 울 듯 울었다

－「시가 울 듯 울었다」 부분113)

위에 인용한 두 편의 시는 IMF 시절 구조조정 및 정리해고 등으로
직장을 잃고 거리로 내몰린 대우자동차 부평공장 노동자들의 삶의
현실 상황을 공통된 내용으로 담고 있다. 특히 시①에서는 "2001년
4월 10일, 인천 대우자동차 앞에서 우리들은/일단 맞아 죽지 않고 살
아남는 게 중요한 일이었다./2001년 4월 10일 인천, 그곳은 지옥이
었으므로."라고 하여, 끔찍했던 당시 상황을 '지옥'에 빗대어 나타내
고 있는 것이 특징이다. 인권은커녕 목숨마저도 지키기 어려웠던 형
편을 제시해 주고 있는 것이다. 그런데 시②에서는 이와 같은 해고
노동자의 원직 복직이 십여 년이나 지난 지금도 해결되지 않은 문제
라는 점에 대한 지적은 시사하는 바가 크다 하겠다. 왜냐하면 이는
인천의 한 지역 공장에만 국한된 문제가 아니라, 국가 차원에서 인권
을 보장하며 진정한 의미에서의 경제 성장을 이루기 위해 궁극적으
로 해결해야 할 과제이기 때문이다.

이외에도 인천의 지역적 특성을 좀 더 구체적으로 잘 나타내 주는
수문통 관련 시들이 있어 그에 대해 살펴보면 다음과 같다.

---

113) 정세훈, 「시가 울 듯 울었다」, 『부평 4공단 여공』, 푸른사상, 2012, 54~55면.

누더기 삼베 홑이불 덮고
땀에 절은 때묻은 얼굴
마음처럼 초롱초롱한 눈으로
별을 바라보며 잠을 청하는
길바닥 쪽마루 위의 아이야

너의 일과가 그렇듯
우리들 사는 것이 죄다 그렇듯
흐름답게 흐르지도 못하면서
수문통 짠 바닷물이
온종일 찌는 냄새 피우고

해만 지면 개천가에 모여드는 무리
주리고 목마르고 헐벗은
보잘 것 없는 그리스도
착하디 착한 몸뚱아리들은
우리 역사의 냄새를 더듬는다

어쩌다 한번은 눈먼 망둥이 올라와
파도 없어도 갈매기는 날고
백사장 없어도 별은 저토록 빛나느니
아이야 이곳이야말로
우리가 고동 울리고 출발할
바다이어라

– 「수문통」 전문114)

---

114) 호인수, 「수문통」, 『차라리 문둥이일 것을』, 일선기획, 1987, 91~92면. 이외에도 수문

인천의 모습은 과거와 많이 달라졌다. 예전에 찍은 사진과 비교해 보면, 현재 이곳이 얼마나 변화해 왔는지 실감할 수 있게 된다. 특히 바다에 접해 있는 인천은 여러 곳이 매립되는가 하면 복개되기도 하면서 택지나 공장부지 등으로 바뀌어, 이전의 흔적조차 찾아볼 수 없는 장소도 많이 생겨났다. 월미도가 섬이었다는 사실은 이제 그 지명을 통해서만 알 수 있고, 배다리까지 배가 드나들었다는 것도 마찬가지다. 지금은 인천 동구 화도진 축제의 주요 행사 장소 중 하나로 이용되는 수문통 복개 도로가, 과거에는 하천이었다는 사실을 아는 사람도 그리 많지는 않을 것이다. 이렇게 볼 때 이와 같은 지역적 특성이 잘 나타나 있는 작품들에 대해 검토해 보는 것은 나름대로 가치 있는 일이라 아니할 수 없다. 왜냐하면 이를 통해 당시 이곳의 모습을 상상해 볼 수 있을 뿐만 아니라, 이와 관련된 삶의 진실도 파악할 수 있기 때문이다.

본래 수문통 지역이라 하면 큰 갯골이 내륙으로 깊숙이 이어진 곳을 일컫는다. 그래서 이와 같이 지칭되는 데는 인천뿐만 아니라 다른 지역에도 여러 곳이 있다. 그럼에도 불구하고 호인수의 시 「수문통」에서 여기가 다름 아닌, 지금의 인천 송현2동 지역을 뜻한다고 생각하는 데에는 나름대로 이유가 있다. 왜냐하면 시인이 이전에 이 부근에서 신부로 활동했다는 사실 이외에도, 이 시에는 과거 이곳의 지역적 특성이 잘 드러나 있기 때문이다. 실제로 이 수문통 하천이 복개된 것은 1991년으로, 1980년대만 해도 여기에는 수문통 시장이 있었다. 기다란 복도와 같이 상가가 양 옆으로 죽 늘어선 이 시장은, 바닥

통 관련 시에는, 김학균의 「수문통 소견(小見)」, 박형준의 「수문통」·「수문통 2」·「기관차 묘지-수문통 3」·「수문통 4」, 이종복의 「수문통 거리에서」 등이 더 있다.

이 나무판자로 되어 있었다. 그래서 바닥 아래로 바닷물이 흐르는 것이 보일 정도였으며, 비가 많이 오면 바닷물이 수챗구멍으로 역류해 들어와 물로 범람하기 일쑤였던 이곳은, 대체로 가난한 사람들이 모여 사는 곳이었다. 낮에도 어두워 방에는 불을 켜야만 했으며, 그 빛은 베니어판 사이로 보이기도 하였다. 그리고 수문통 시장이 끝나는 곳에는 개천이 이어져 있었는데, 거기서는 시장과 동네에서 내보내는 생활하수로 썩는 냄새가 났고, 그 물빛은 늘 검어 있었다.

이렇게 볼 때 시 「수문통」은, 시인이 이 작품을 쓸 당시인 1980년 대 이 지역 사람들의 삶의 실상을 잘 반영해서 나타낸 것으로 이해된다. 특히 이 시의 1연과 3연에서는 시적 대상이 어린 아이들로 설정되어 있어 그 애처로움을 더해 준다. 누더기 삼베 홑이불을 덮고 땀에 절은 때 묻은 얼굴로 길바닥 쪽마루 위에서 잠을 청하는 아이와, 해만 지면 개천가에 모여드는 주리고 목마르고 헐벗은 보잘 것 없는 몸뚱아리들이, 다름 아닌 그들인 것이다. 그런데 그것이 어디 이들만의 문제인가? 이 시의 2연에는 그것이 단지 '너'만이 아니라, '우리' 모두의 공통된 문제임이 제시되어 있어 주목된다. 이는, "너의 일과가 그렇듯/우리들 사는 것이 죄다 그렇듯"이라는 구절에 잘 나타나 있는 것이다. 더욱이 2연에 이어 3연에서 시인은 그 문제의 원인을 역사적 차원에서 다루고 있어 관심을 끈다. 흐름답게 흐르지 못함이 온종일 찌든 냄새를 피우듯, 우리의 역사적 현실 상황도 이와 같기 때문에 그렇다는 것이다. 그럼에도 불구하고 이 시 4연에서는 이곳 수문통이, 우리가 고동 울리고 출발할 바다로 표현되고 있어 주목을 요한다. 파도가 없어도 나는 '갈매기'나 백사장이 없어도 빛나는 '별'처럼, 아무리 절망적인 상황이라 할지라도 희망은 남아 있을 것으로 확신되기 때문이다.

2) 공장, 인천의 성냥공장에서부터 남동공단까지

인천하면 지금도 성냥 공장과 직공 아가씨들을 연상하는 사람들이 많은데, 이는 인천이 우리나라 성냥 공업의 시발지요 메카였기 때문이다. 또한 당시 성냥 공장은 손이 많이 가는 산업이었기 때문에 종사하는 노동자들이 여성이 많았던 데에서 그런 연상을 하게 한 것으로 이해된다.115) 이와 같은 맥락에서 인천 시편에서는 인천의 성냥공장을 시의 소재 또는 배경으로 취하고 있는 작품이 눈에 띄는 것을 볼 수 있게 되는데, 김윤식의 시 「인천의 성냥공장」을 중심으로 그 특성을 살펴보면 다음과 같다.

인천에는 속된 노랫말의 옛날 성냥공장이 남아 있다. 누가 지었는지, 입에 올리기가 거북하지만, 노래의 뒤는 씁쓸하다. 불을 켜기 위해 어둠 속에 몸을 감추는 부끄러운 누이들, 아가씨들이 있다. 영영 여기를 떠나지 못하는, 황 냄새 매캐한 옛날 성냥공장이 있다. 슬픔이 있다.

붉은 벽돌로 지은 삐죽한 安氏 아저씨네 공장 울타리에는 흰 가을 꽃들이 하늘거리고 있었다.

– 「인천의 성냥공장」 전문116)

---

115) 인천광역시, 『근대문화로 읽는 한국 최초 인천 최고』, 인천광역시 역사자료관 역사문화연구실, 2005, 41면.
116) 김윤식, 「인천의 성냥공장」, 『옥탑방으로 이사하다』, 학산문학, 2006, 62면. 이외에도 인천의 성냥공장 관련 시에는, 김연신의 「인천에 있는 슬픈 성냥 공장」, 박홍식의

　위에 인용한 시는 두 연으로 이루어져 있는데, 먼저 1연에서는 그 노래[117]의 주인공인 인천의 성냥공장 아가씨들의 슬픈 삶에 대해서 나타내고 있다. 황 냄새 매캐하게 풍기는, 좋지 않은 작업 환경 속에서 다른 사람들의 곱지 않은 시선을 받으면서도 묵묵히 자신의 일에 충실해야 하는, 그들의 가련한 인생살이를 엿볼 수 있게 해 주는 것이다. 이렇게 본다면 이 시 2연의 공장 울타리에서 하늘거리는, 흰 가을꽃들은, 그러한 현실 상황에서 힘겹게 살아갈 수밖에 없었던 그들을 빗대어 나타낸 것이라 판단된다.

　공장에서 일하는 여성 근로자들의 삶에 대해서는, 이기인의 시 「ㅎ방직공장의 소녀들」에서도 표현된 것을 찾을 수 있다.

　　　목화송이처럼 눈은 내리고
　　　ㅎ방직공장의 어린 소녀들은 우르르
　　　몰려나와 따뜻한 분식집으로 걸어가는 동안…… 제 가슴에 실밥
　　　묻은 줄 모르고
　　　공장의 긴 담벽과 가로수는 빈 화장품 그릇처럼
　　　은은한 향기의 그녀들을 따라오라 하였네
　　　걸음을 멈추고
　　　작은 눈

　「인천 성냥공장」, 이남숙의 「성냥공장을 보았니」, 정경해의 「인천 40-만석동 성냥공장」, 최정례의 「성냥공장 아가씨」 등이 더 있다.

117) 김연신, 「인천에 있는 슬픈 성냥 공장」, 『시인, 시인들』, 문학과지성사, 2004, 44면. 이 시에는 사람들의 입에서 입으로 전해 내려오는, 인천의 성냥공장 아가씨들을 주된 대상으로 한, 속된 노랫말이 거의 그대로 옮겨져 있어 이를 참고로 일부 인용해 보면 다음과 같다. "인천에 성냥 공장 성냥 공장 아가씨/하루에 한 갑 두 갑 일주일에 열두 갑/팬티 속에 감추고서 정문을 나설 때/팬티 속에 불이 붙어 ○○털이 다 탔네/인천에 성냥 공장 아가씨는 백○○"

뭉치를 하나 만들었을 뿐인데,
묻지도 않은 고향 이야기를 늘어놓으면서…… 늘어놓으면서 어느덧
뚱뚱한 눈사람이 하나 생겨나서
그
어린 손목을 붙잡아버렸네
그녀가 난생처음 박아준 눈사람의 웃음은 더없이
행복해 보였네
어둠과 소녀들이 교차하는 시간, 눈꺼풀이 내려왔네

ㅎ방직공장의 피곤한 소녀들에게
영원한 메뉴는 사랑이 아닐까,
라면 혹은 김밥을 주문한 분식집에서
생산라인의 한 소녀는 봉숭아 물든 손을 싹싹 비벼대며
오늘도 나무젓가락을 쪼개어 소년에 대한
소녀의 사랑을 점치고 싶어하네
뜨거운 국물에 나무젓가락이 둥둥
떠서, 흘러가고 소녀의……시간이 그렇게 흘러갔다고 분식집 뻐꾸기가
울었네

― 「ㅎ방직공장의 소녀들」[118]

시인이 직접 언급한 바와 같이 'ㅎ방직공장'은 학익동의 '한일방직 공장'을 간접적으로 지시한 것인데, 인용 시에는 그곳에서 일하며 살아가는 소녀들의 고단하지만 꾸밈없는 삶의 모습이 잘 그려져 있다.

118) 이기인, 「ㅎ방직공장의 소녀들」, 『알쏭달쏭 소녀백과사전』, 창비, 2005, 33~34면. 2000년 경향신문 신춘문예 당선작, 2000년 1월 1일. 이 시의 'ㅎ방직공장'은 학익동 '한일방직공장'을 간접 지시한 것임.

"어둠과 소녀들이 교차하는 시간, 눈꺼풀이 내려왔네"라는 구절에서
와 같이, 공장의 소녀들은 밤새워 가며 피곤하게 일한다. 그렇지만
그들은 사랑을 꿈꾸며 그 피곤함을 잊는다. 이는, "ㅎ방직공장의 피
곤한 소녀들에게/영원한 메뉴는 사랑이 아닐까"라는 구절에 잘 나타
나 있는 것이다.

한편 노동자 시인 조혜영의 시 「5공단을 지나며」는, 사원 모집 공
고문 형식이 활용되어 있어 관심을 끈다.

```
사원 모집
미싱사 :      0명
견습공 :     00명
재단사 :      0명
아이롱사 :    0명
```

내 인생은 만년 견습공
미싱사의 꿈도 젊음도
안개 속에 가물거리고
스팀다리미처럼 가슴만
달아 오른다

　　　　　　　　　　　　　　　　　　　　－ 「5공단을 지나며」[119]

위에 인용한 바와 같이 이 시는, 앞뒤 두 부분으로 표현되어 있는

---

119) 조혜영, 「5공단을 지나며」, 『검지에 핀 꽃』, 삶이 보이는 창, 2005, 17면.

것이 특징이다. 먼저 앞부분에는 공단 주변에서 어렵지 않게 볼 수 있는 사원 모집 공고문 형식을 활용하여 그 내용을 옮겨 놓았다면, 뒷부분에는 이를 보고 만년 견습공으로 살아온 시의 화자가 자신의 삶에 대해 반성하는 점을 간결하게 표현해 놓은 것이다.

이처럼 시의 화자가 공장 근로자로 설정되어 있는 작품에는 다음과 같은 것도 있다.

> ① 뒷전살이 내 삶
> 변두리로 밀리는 거
> 나 혼자만의 설움일까
>
> 뼈대 세운 공장 신축지
> 어느 여(女)잡부의 그을은 외침
> 반향없는 땀방울 되어
> 흙더미에 스며들고
>
> 포크레인 은빛 삽날
> 땀 서린 흙더미
> 날름 퍼담는구나
>
> 참으로 넓은
> 새로운 공단부지에서
> 뒷전살이 내 삶을
> 또 하나 보았다.
>
> － 「남동공단에서」 전문[120]

② 펜팔 업체로부터 소개받은 그녀는
　부평4공단에서 여공으로 일하고 있었다
　그립다, 보고 싶다, 사랑한다는 말 대신
　연장작업, 휴일 특근작업, 36시간 교대작업,
　공장생활의 고단한 이야기들이 오고갔다
　아프지만 병원 갈 돈이 없다는 소식이 오고갔다
　"아프지만"이란 소식에
　그녀가 보고 싶어졌다
　"병원 갈 돈이 없다"는 소식에
　서로 사랑하게 되었다

　　　　　　　　　　　　　　　－「부평 4공단 여공」 부분[121]

　인용한 두 편의 시는 모두 정세훈의 작품인데, 먼저 시① 「남동공단에서」에는, "참으로 넓은/새로운 공단부지에서/뒷전살이 내 삶을/또 하나 보았다."라는 구절에 단적으로 잘 나타나 있는 것처럼, 삶의 터전은 새롭게 바뀌었어도, 뒷전살이로 살아갈 수밖에 없는 자기 자신의 삶에 대한 깨달음 또는 설움이 표현되어 있다. 이에 비해 시② 「부평 4공단 여공」에는, 공장 근로자로 처지가 같아 마음이 통하는 여성과 사랑을 나누게 된 사연이 담겨 있다. 이는 특히, ""아프지만"이란 소식에/그녀가 보고 싶어졌다/"병원 갈 돈이 없다"는 소식에/서로 사랑하게 되었다"라는 구절에 잘 드러나 있다.

　이와 같이 시의 화자가 공장 근로자로 설정되어 있는 작품에는 김영언의 「키친아트의 추억」도 있는데 여기에는 특히, 주방용 스테인리스

---

120) 정세훈, 「남동공단에서」, 『손 하나로 아름다운 당신』, 은혜의말씀사, 1989.
121) ＿＿＿, 「부평 4공단 여공」, 『부평 4공단 여공』, 푸른사상, 2012, 26면.

제품 공장 경동산업에서의 실제 사건이 내용으로 다루어져 주목된다.

그 겨울 내내
프레스를 밟으며
스테인리스 포크 자락에
아름다운 무늬를 찍으며
나는 어설픈 아티스트였구나
노동자의 삶에는 찍지도 못할
감히 아름다운 꽃무늬
함박눈 꾸벅꾸벅 쌓이는 공장 뒤뜰에
주야로 교대로 발자국 무늬도 찍으며
일당 삼천 원으로 창조해낸 예술품들은
잘려나간 동료의 손마디와 바뀌어
조국근대화의 꽃 수출품으로
그 겨울을 아슬아슬 건너갔구나
몇 잎의 분신(焚身)에도 아랑곳하지 않고
다시 어슴푸레 봄날이 피고 지는 동안
희미한 안개로 건너가다가
이제는 잊혀져도 좋을
까닭도 모를 풋사랑으로 건너갔구나
그 겨울이 건너갔구나

* 주방용 스테인리스 제품 상표.

– 「키친아트*의 추억」 전문[122]

---

122) 김영언, 「키친아트의 추억」, 『작가들』 2005년 겨울, 139~140면. 인천시 서구 가좌동
소재 '키친아트(경동산업)' 배경.

이 시에서는 좋지 않은 작업 환경에서 손마디 절단 사고뿐만 아니라 급기야는 분신 사태까지 일으켰던, 키친아트 전신(前身) 경동산업에서의 처참했던 이야기를, 시로 잘 형상화한 것을 볼 수 있다. 더욱이 이는, "일당 삼천 원으로 창조해낸 예술품들은/잘려나간 동료의 손마디와 바뀌어/조국근대화의 꽃 수출품으로/그 겨울을 아슬아슬 건너갔구나"와 "몇 잎의 분신(焚身)에도 아랑곳하지 않고/다시 어슴푸레 봄날이 피고 지는"이라는 구절에 잘 표현되어 있다. 이렇게 열악하기 짝이 없었던 경동산업의 노동환경은 박노해의 시「손 무덤」(1984)[123]의 소재가 될 정도로 끔찍했다고 한다.[124] 또한 분신 사태는 당시 여러 일간지에 보도되어 세상을 떠들썩하게 했다.

4일 하오 3시 45분께 인천시 서구 가좌동 570의 1 주방기기 제조업체 경동산업(대표 최경환) 본관 3층 강의신 노무관리이사(50)실 입구에서

---

123) 서울과 노동시 기획위원회 엮음, 『서울과 노동시』, 실천문학, 2010, 468~471면. "올 어린이날만은/안사람과 아들놈 손목 잡고/어린이 대공원에라도 가야겠다며/은하수를 빨며 웃던 정형의/손목이 날아갔다//작업복을 입었다고/사장님 그라나다 승용차도/공장장님 로얄살롱도/부장님 스텔라도 태워 주지 않아/한참 피를 흘린 후에/타이탄 짐칸에 앉아 병원을 갔다//기계 사이에 끼어 아직 팔딱거리는 손을/기름먹은 장갑 속에서 꺼내어/36년 한많은 노동자의 손을 보며 말을 잊는다/비닐봉지에 싼 손을 품에 넣고/봉천동 산동네 정형 집을 찾아/서글한 눈매의 그의 아내와 초롱한 아들놈을 보며/차마 손만은 꺼내 주질 못하였다//훤한 대낮에 산동네 구멍가게 주저앉아 쇠주병을 비우고/정형이 부탁한 산재관계 책을 찾아/종로의 크다는 책방을 둘러봐도/엠병할, 산데미 같은 책들 중에/노동자가 읽을 책은 두 눈 까뒤집어도 없고// ······(중략 - 필자)······ 나는 ET가 되어/얼나간 미친 놈처럼 헤매이다/일당 4,800원짜리 노동자로 돌아와/연장노동 도장을 찍는다/내 품속의 정형 손은/싸늘히 식어 푸르뎅뎅하고/우리는 손을 소주에 씻어 들고/양지바른 공장 담벼락 밑에 묻는다/노동자의 피땀 위에서/번영의 조국을 향락하는 누런 착취의 손들을/일 안하고 놀고먹는 하얀 손들을/묻는다/프레스로 싹둑싹둑 짓짤라/원한의 눈물로 묻는다/일하는 손들이/기쁨의 손짓으로 살아날 때까지/묻고 또 묻는다"(시「손 무덤」부분)

124) 정혁준, 『키친아트 이야기』, 청림출판, 2011, 53면.

이 회사 근로자 강현중(27) 씨 등 5명이 온몸에 시너를 뿌린 채 강 이사에게 자신들에 대한 징계방침철회를 요구하다 거절당하자 몸에 불을 붙여 이들 5명과 강 이사 등 6명이 온몸에 중화상을 입고 병원에 옮겨졌다. 또 근로자 강 씨 등이 분신하는 것을 보고 흥분한 동료 근로 자 최운규(27) 씨 등 2명이 노조사무실 앞 운동장에서 과도로 자신의 배를 찔러 중상을 입고 동인천 길병원 등에서 치료를 받고 있다.[125]

이로 인해 경동산업은 노무이사와 노무자 두 명의 죽음 등 비극적 인 사태를 겪으면서도 노사의 상생을 이끌어내지 못했을 뿐만 아니라 시장 변화에 제대로 적응하지도 못하면서 결국, 법정관리에까지 이르 게 되었다.[126] 이렇게 본다면 이 시의, "몇 잎의 분신(焚身)에도 아랑 곳하지 않고/다시 어슴푸레 봄날이 피고 지는 동안/희미한 안개로 건 너가다가/이제는 잊혀져도 좋을/까닭도 모를 풋사랑으로 건너갔구나 /그 겨울이 건너갔구나"라는 구절에서와 같이, 그들의 분신은 헛된 죽음으로 시간이 흐름에 따라 저절로 잊힐 수 있다. 그럼에도 불구하 고 지금 그들의 죽음이 헛되지 않음은, 그 이후 경동산업이 키친아트 로 다시 태어났기 때문이다. 키친아트가 '공동소유·공동책임·공동 분배'를 사훈으로, 불가능을 가능하게 요리하는 회사로 거듭날 수 있 게 된 데에는,[127] 그들의 죽음이 밑거름이 되었기 때문인 것이다.

---

125) 「근로자 5명 분신(焚身)」, 『한국일보』, 1989. 9. 5., 사회면. 같은 날짜의 『동아일보』, 『서울신문』, 『조선일보』, 『중앙일보』 등의 신문에서도 이와 관련된 기사 내용을 볼 수 있다.

126) 정혁준, 앞의 책, 64~67면.

127) 위의 책, 105~110면.

3) 월미도 흑인부대와 부평 미8057부대 근처

2차대전의 전승국으로 미군은 인천에도 진주하게 되어, 인천 시편에서 이들과 관련된 작품들을 확인할 수 있다. 먼저 인천에 진주한 미군 통역관으로 활동하기도 한 배인철(1920~1947)의 「인종선—흑인 쫀슨에게」를 비롯하여, 「노예해안」, 「쪼 루이스에게」, 「흑인부대」, 「흑인녀」 등의 시는, 이 땅에 진주한 미국의 실체적 의미를 가늠하고자 한, 시인의 시적 성과로 판단될 수 있다.[128] 또한 이와 같은 측면에서 스물여덟의 젊은 나이에 생을 마감한 배인철 시인의 안타까운 죽음에 대해 애도의 뜻을 나타낸 다음과 같은 시도 주목된다.

　　주안 묘지 산비탈에도 밤버레가 우느냐
　　너는 죽어서 그곳에 육신이 슬고
　　나는 살아서 달을 치어다보고 있다.

　　가뭄에 들끓는 서울거리에
　　정다운 벗들이 떠드는 술자리에
　　애달프다
　　네 의자가 하나 비어 있고나.

　　월미도 가차운 선술집이나
　　미국 가면 하숙한다던 뉴욕 할렘에 가면
　　너를 만날까
　　이따라도 '김형 있소' 하고

---

128) 윤영천, 「배인철의 흑인시와 인천」, 『형상과 비전』, 소명출판, 2008, 121~151면.

손창문 마구 열고 들어서지 않을까.

네가 놀러 와 자던 계동 집 처마끝에
여름달이 자위를 넘고
밤 바람이 찬 툇마루에서
나 혼자
부질없는 생각에 담배를 피고 있다.

번역한다던
리차드 라잇과 원고지 옆에 끼고
덜렁대는 걸음으로 어델 갔느냐
철쭉꽃 피면
강화 섬 가자던 약속도 잊어버리고
좋아하던 쫀슨 뿌라운 테일러와
맥주를 마시며
저세상에서도 흑인시를 쓰고 있느냐.

해방 후
수없는 청년이 죽어간 인천땅 진흙밭에
너를 묻고 온 지 스무날
시를 쓴다는 것이 이미 부질없고나.

– 「시를 쓴다는 것이 이미 부질없고나–곡(哭) 배인철군」 전문[129]

"차단–한 등불이 하나 비인 하늘에 걸려 있다/내 호올로 어딜 가라는 슬픈 신호(信號)냐."로 시작되는 시 「와사등(瓦斯燈)」의 시인 김광

---

129) 김광균, 「시를 쓴다는 것이 이미 부질없고나 – 곡(哭) 배인철군」, 『신천지』, 1947. 10.

균(金光均, 1914~1993). 그는 경기도 개성에서 출생하여 송도상고를
졸업하고 고무공장 사원 등으로 근무하기도 했는데, 10대의 어린 시
절부터 서정성과 감각이 뛰어난 시를 쓰기 시작하였다. 1926년『중외
일보』에 시「가는 누님」을 발표한 이래, 1935년『조선중앙일보』에 시
「오후(午後)의 구도(構圖)」를 발표하여 김기림으로부터 격찬을 받은
바 있는 그는, '시인부락'과 함께 '자오선' 등의 동인으로 참가하기도
하였다. 더욱이 1938년『조선일보』 신춘문예에 시「설야(雪夜)」가 당
선된 그는, 본격적으로 시작(詩作)에 전념할 수 있는 바탕이 마련되기
도 하였으나, 한국전쟁 중 사업을 하던 동생의 납북으로 작품 활동을
중단하고 동생의 사업체를 인수하여 경영하는 등 실업계에 투신하기
도 하였다. 그럼에도 불구하고 노년에 접어든 1982년『현대문학』 3
월호에「야반(夜半)」외 5편의 시를 발표함으로써 시작 활동을 재개한
그는, 1930년대 한국 시단의 우수한 모더니스트의 한 사람으로서만
이 아니라, 서정적 정서의 낭만적 시인으로서, 또한 인간적 고통과
삶의 진실을 깊이 간직한 휴머니즘 시인의 한 사람으로서도 지금까지
기억되고 있다.

　이와 같이 일별되는 김광균의 생애에서 그와 배인철 시인과의 만
남은 주목되지 않을 수 없다.「시를 쓴다는 것이 이미 부질없고나 -
곡(哭) 배인철군」이라는 그의 시 제목에서도 감지되는 바와 같이, 배
인철의 갑작스러운 죽음은 그에게 큰 충격을 주었던 것으로 판단되
기 때문이다. 그러면 김광균과 배인철의 만남은 어떻게 기억되는가?
인천 출생으로 권투선수며 시인으로 활동한 배인철은, 광복 직후 인
천에 '신예술가협회'라는 간판을 걸고 오장환, 서정주, 김광균 등을
끌어내려 문단 활동을 했던 것으로 알려져 있다. 그리고 1946년에

들어서면서부터 작고하기까지는 그의 활동무대가 서울로 옮겨짐에 따라 박인환이 경영한 서점 '말리서사(茉莉書舍)'가 그들의 만남이 자연스럽게 이어지는 또 다른 장소가 되었던 것으로 기억된다. 그러나 1947년 5월 10일 서울 남산에서 불의의 총격을 받고 급작스럽게 당한 배인철의 죽음은, 그들 사이의 이승에서의 만남을 더 이상 지속시키지 못하게 하였다.

결국 "해방 후/수없는 청년이 죽어간 인천땅 진흙밭에/너를 묻고 온 지 스무날/시를 쓴다는 것이 이미 부질없고나."라는 이 시의 마지막 연에서와 같이, 광복이 되었다고는 하지만 극도로 혼란스러웠던 당시의 현실 상황에서 또 다른 청년 배인철을 잃고 그의 장사를 치른 지 이십 일 되는 날에 쓴 이 시에는, 그의 죽음에 대한 시인의 탄식이 잘 나타나 있다. 그의 짧은 인생으로 말미암아 그와의 지상에서의 만남이 지속될 수 없음에 시인의 안타까움이 컸을 것으로 짐작되지만, 그의 완결된 흑인시를 더 이상 접할 수 없게 됨에 시인의 안타까움은 더했을 것으로 추측된다.

이처럼 인천의 월미도와 주안 등이 배인철 시인의 생애 및 작품과 관련하여 기억되는 장소이다. 이에 비해 부평은 아직까지 미군의 주둔지로 신현수 시인의 작품 배경을 이루고 있다는 점은 앞에서 언급한 바와 같다.

24일 밤 11시 50분쯤 인천시 북구 부평동 284 드림보홀에서 술을 마시던 미38부대 소속 리얼 미켈 병장(24)이 동석한 위안부 인은주 양(25) 얼굴에 술을 뿌린 것이 발단이 되어 위안부 1백여 명과 미헌병 50여명이 미 8057부대 정문에서 투석전을 벌여 위안부 10여 명이 중

경상을 입고 미군 2명이 부상했다. 이날 미켈 병장과 인은주 양이 싸
우는 것을 본 위안부자치회장 김길연 양(32)이 이를 말리자 미켈 병
장이 김양의 머리를 잡고 미 8057부대 정문으로 들어갔다. 이에 흥분
한 위안부 1백여 명이 부대정문으로 달려가다 초소헌병과 승강이가
벌어져 몰려온 헌병 50여 명은 투석전을 벌여 이영순 양(22) 등 3명
이 중상을 입고 미군 2명, 위안부 7명이 경상을 입었다.
　　 – 1969년 9월 25일, 중앙일보

　　　　　　　　　　　　　　　　　　　　　　　– 「팔공오칠」 전문[130]

　위에 인용한 시는 최근 간행된 시인의 시집에 수록되어 있기는 하
지만, 시간적 배경은 1969년 9월 24일 밤으로 거슬러 올라간다. 신
문기사 형식으로 쓰인 이 시에서는, 그 당시 부평 드림보홀에서 술을
마시던 미군 병사와 동석한 위안부 사이에 벌어진 싸움이 발단이 되
어, 이들 사이에는 투석전까지 벌어져 중상자까지 발생하게 되었다
는 것을 알려주고 있다. 이 시 또한 이 땅에 진주한 미군의 실체적
의미에 대해 다시 한번 생각해 볼 수 있게 해 준다는 점에서 나름대
로 가치가 있는 작품으로 파악되는 것이다.

4) 숭의동 삼거리, 옐로우 하우스

　1883년 개항 이후 인천의 일본인의 수는 점차 불어났는데, 이들
일본인들을 따라 몸 파는 일본 여성들이 인천으로 모여 들었다. 지금
중구 인천여상 부근과 답동성당 언덕 아래, 인일여고 아랫길 주변 등
지에 사창가가 생겼다. 이후 신흥동 일대 특히 지금의 신흥시장을 중

---

130) 신현수, 「팔공오칠」, 『인천에 살기 위하여』, 다인아트, 2014, 71면.

심으로 사창가가 독버섯처럼 번져 나갔는데, 한번 생긴 사창가는 해방 이후 유곽 폐지 이후에도 수그러들 기미를 보이지 않자, 박정희 정권은 신흥동 윤락가 정비에 나섰다. 한 군데로 모아 집중관리하기로 한 것이다. 그 당시 집단화의 대상지는 지금의 남구 숭의1동과 학익동이었다.131) 이렇게 해서 인천의 집창촌은 생겨나게 되었는데, 이에 따라 인천 시편에서도 숭의동의 일명 옐로우 하우스를 시의 소재 또는 배경으로 취하고 있는 작품이 눈에 띄는 것을 볼 수 있게 된다.132)

> 1.
> 장사래 마을 후예 꽃순이
> 진달래 치마폭 햇살 너울대던 봄날
> 꽃보다 예쁜 딸로 태어났다
> 진달래꽃 분홍 공주가 되어
> 밤마다 별빛 꿈 한 소쿠리 따서
> 꼬불꼬불 말간 개천에 띄워 보냈다

---

131) 홍성철, 『유곽의 역사』, 페이퍼로드, 2007, 47~55면 ; 「[땅과 사람들](5) 숭의동 옐로우하우스」, 『경향신문』, 2009. 6. 16.

132) 이기인, 「달의 근육」, 『알쏭달쏭 소녀백과사전』, 창비, 2005, 52~53면. 이 시는 학익동의 유곽을 배경으로 쓰인 작품이므로, 참고로 전문을 인용하면 다음과 같다. "학(鶴)은 왜 이곳으로 달을 물고 왔을까,//붉은 유곽에서/어쩌다 길을 잃은 후 쳐다본 달이 있고, 달과 함께 녹슨 골목길이 있었네//누군가 침을 뱉고 오줌을 누고 이정표를 세우네//쇳가루 날아와/오랫동안 널어놓을 수 없는 빨래처럼 방 안에서 반쯤 마른 여자,/방바닥에 누워 있길 좋아하고/가끔 빵인 듯 부풀어서 공장 사내들 식판의 허기를 채워주었네//달빛은 나의 근육, 달빛은, 허벅지 계속 움직여라 하였네//철없는 사랑, 이별을 용접할 수 없었던 사내들 배가 정박하였던 곳/학익동은 그렇게 붉어도 좋았네//좀더 머물러야 할지 떠나야 할지 모르는 별들, 무참히 반짝였네"

2.
옐로우하우스 꽃순이
밤이면 분홍 꽃등을 켠다
하룻밤 부나비를 기다린다
인천항 배 닻을 내리면
형형색색 불나방 꽃등에 뛰어들고
꽃순이 고단한 웃음 짙어간다

3.
꽃순이 사라지던 날
장사래 마을 기억도 지워졌다
너른 들녘에 쓰여 있던 참한 이야기와 함께
인천항 뱃고동 젖은 목 길게 빼고
숭의동 저 멀리
재개발 공설운동장, 화려한 몸짓을 퍼덕인다

– 「인천 43-숭의동」 전문[133]

위에 인용한 시는 정경해의 「인천 43 – 숭의동」인데, 옐로우 하우
스에서 일하는 꽃순이를 주된 인물로 하여, 그의 고단한 삶을 작품으
로 형상화한 것이다. 이는 특히, "인천항 배 닻을 내리면/형형색색
불나방 꽃등에 뛰어들고/꽃순이 고단한 웃음 짙어간다"라는 구절에
잘 나타나 있다.

---

133) 정경해, 「인천 43-숭의동」, 『미추홀 연가』, 문학의전당, 2012, 20~21면.

석탄을 실은 기차가
숭의동 삼거리를 지나는 동안에
나의 곁눈질은 내내
옐로우 하우스 쇼윈도에 머물러 있었다.

붉은 벽돌 담벼락을
기어서 오르다
말라 붙어버린 넝쿨의 손처럼
정지해야만 하는 것들은
일제히 담당 너머를 기웃거리고 있었다.

동면에서 깨어난 검은 지층들이
잔뜩 다리를 오므린 평행선을 향하여
빳빳해진 걸음을 재촉하고
검고 뜨겁던 머릿결을 쓸어본
추억의 깃발 휘날리며 옐로우 하우스는
숭의동 삼거리에 머물러 있을 뿐.

허공으로 기적이 용해되는 동안
망막에 박혀 뽑힐 줄 모르는
거무스레한 의혹
하나씩 품고 있는
옐로우 하우스 삼거리.

－「옐로우 하우스 삼거리」 전문[134]

---

134) 이종복, 「옐로우 하우스 삼거리」, 『신도 포기한 동네에서 아침을』, 다인아트, 2002,
90~91면.

　　인용 시는 이종복의 「옐로우 하우스 삼거리」인데, 이 작품에는 옐
로우 하우스 삼거리를 지나며 끊임없이 의혹을 품고 그곳을 곁눈질
하는 시의 화자가 등장하는 것이 특징이다. "허공으로 기적이 용해되
는 동안/망막에 박혀 뽑힐 줄 모르는/거무스레한 의혹/하나씩 품고
있는/옐로우 하우스 삼거리."라는 시구에서와 같이 시의 화자는, 석
탄을 실은 기차가 숭의동 삼거리를 지나는 동안 내내 의혹을 품고 옐
로우 하우스 쇼윈도를 곁눈질하여 보고 있는 것이다.

> 옐로우 하우스33호 붉은 벽돌 건물이 바로 집 앞인데
> 거기보다도 우리집이 더 끝이라는 생각이 든다
> 거기로 들어가는 사내들보다 우리집으로 들어가는 사내들이
> 더 허기져 보이고 거기에 진열된 여자들보다 우리집의
> 여자들이 더 지친 표정을 짓고 있기 때문만은 아니다
> 어머니 대신 내가 영계백숙 음식 배달을 나갔을 때
> 나 보고는 나보다도 수줍음 타는 아가씨는 명순씨(氏)
> 홍등(紅燈) 유리방(房) 속에 한복 입고 앉은 모습은 마네킹 같고
> 불란서 인형 같아서 내 색시 해도 괜찮겠다 싶더니만
> 반바지 입고 소풍 갈 때 보니깐 이건 순 어린애에다
> 쌍꺼풀 수술 자국이 터진 만두 같은 명순씨(氏)가 지저귀며
> 유곽 골목을 나서는 발걸음을 보면 밖에 나가서 연애할 때
> 우린 식당(食堂)에 딸린 방(房) 한 칸에 자는 가난뱅이라고
> 경쾌하게 말 못 하는 내가 더 끝이라는 생각이 든다
> 　　　　　　　　　　－「식당(食堂)에 딸린 방(房) 한 칸」 2연[135]

135) 김중식, 「식당(食堂)에 딸린 방(房) 한 칸」, 『황금빛 모서리』, 문학과지성사, 1993,
　　16~17면.

또한 위의 인용 시에서는 옐로우 하우스33호 앞에서 식당을 운영하는 집의 아들인 시의 화자가, 옐로우 하우스에서 일하는 명순 씨의 삶과 비교하여, 자신이 더 못하다는 자괴감을 나타내고 있는 것이 특징이다. 꾸밈없이 자신의 생각을 잘 표현하는 명순 씨가 그렇지 못한 자신보다 더 낫다는 것이다. 이는 특히, "밖에 나가서 연애할 때/우린 식당(食堂)에 딸린 방(房) 한 칸에 자는 가난뱅이라고/경쾌하게 말 못 하는 내가 더 끝이라는 생각이 든다"라는 구절에 단적으로 잘 드러나 있다.

5. 인천의 역사 문화 탐방

1) 능허대

능허대는 백제가 중국 동진과 통교를 시작한 근초고왕 27년(372년)부터 웅진으로 도읍을 옮긴 개로왕 21년(475년)까지 사신들이 중국을 왕래할 때 출발했던 나루터가 있던 곳이다. 지금은 간척사업으로 육지가 조성되어 아파트와 유원지가 들어섬으로써, 연수구 옥련동 도심 한가운데 위치하게 되었다.[136]

> 바윗돌 몇 무더기
> 세월에 말라붙어서
> 생각도 아니 나는 이곳에
> 천 년 백제는 묻혀 있다

---

136) 인천광역시, 『인천의 문화유산을 찾아서』, 인천광역시 역사자료관, 2008, 280~281면.

일찍이 동방의 무궁한
몇 포기 들풀이었다가
들풀이었다가
바다로 눈을 뜬 나라
대륙에 눈 돌린 나라
반도의 뜨거운 벼꽃이었나니

누가 바다를 꿈이라 하지 않아도
누가 여기로부터
수모의 꽃은 피었다 하여도
내 나라 한으로 뿌리내린
그 무서운 사랑은
바다를 열 줄 아는 지혜였나니

저만치 밀려간 파도를
다시는 만나지 못하고

이 저녁에 하나의
돌비로 남아있는
능허대

- 「능허대」[137]

위의 인용 시는 장종권의 「능허대」인데, 천 년 전 백제의 나라에
대한 무서운 사랑은 바다를 열 줄 아는 지혜를 지니게 하여, 능허대
를 만들게 되었다는 내용을 담고 있다. 이는 특히, "누가 바다를 꿈이

---

137) 장종권, 「능허대」, 『가끔 가끔 묻고 싶은 말』, 인화, 1993, 83~84면.

라 하지 않아도/누가 여기로부터/수모의 꽃은 피었다 하여도/내 나라 한으로 뿌리내린/그 무서운 사랑은/바다를 열 줄 아는 지혜였나니"라는 구절에 잘 나타나 있다. 물론 "저만치 밀려간 파도를/다시는 만나지 못하고//이 저녁에 하나의/돌비로 남아있는/능허대"라는 시구에서와 같이, 지금 그 흔적은 돌비로만 남아 있지만 말이다.

2) 자유공원 또는 만국공원

중구 송학동을 비롯하여 관동·항동·북성동·송월동·선린동을 감싸안고 있는 응봉산 일대를 인천사람들은 자유공원이라 부른다. 자유공원은 우리나라 최초의 서구식 공원으로 서울의 파고다공원보다 9년 앞선 1888년 조성됐다. 자유공원은 처음엔 각국공원으로, 그리고 해방 전 일제 강점기엔 서공원으로 불렸다. 해방 직후 잠시 만국공원으로 부르던 것을 인천시가 1957년에 자유공원으로 이름을 바꿨다. 자유공원에는 세창양행 사택을 비롯하여 제물포구락부, 제임스 존스톤 별장 이외에도 근대화의 풍물과 역사를 오롯이 간직한 이야깃거리가 많다. 특히 맥아더 동상의 건립은, 그 철폐와 보존을 둘러싸고 격심한 이념논쟁을 불러일으키기도 하였다.[138] 그렇다면 이와 같은 자유공원 또는 만국공원이 시인들에게는 어떻게 인식되며 표현되고 있을까? 자유공원 또는 만국공원 관련 시에는 여러 편이 있는데,[139] 이 중 다음 작품들을 대상으로 인천 시편으로서의 특성

---

138) 경인일보 인천본사 특별취재팀, 『격동 한 세기 인천이야기』, 다인아트, 2008, 23~28면.
139) 자유공원 또는 만국공원 관련 시에는, 김정희의 「작은 전설―자유공원의」, 박일환의 「인천 자유공원에서」, 이병춘의 「자유공원」, 이인석의 「만국공원」, 정경해의 「자유공원에서」, 최두석의 「인천 자유공원에서」, 최병구의 「자유공원」, 최승렬의 「공원」, 한연순의 「자유공원」 등이 눈에 띈다.

을 살펴보기로 하자.

   ① 달빛 좋은 봄날이면
     자유공원으로 가라.
     짜장면이 태어난
     차이나타운 둘러보고
     네온사인 아름다운
     벚꽃 길을 걸어보라.

     팔각정 망루에다
     지난 허물 벗어두고
     조계지 계단 내려오다.
     인샬라를 외치다 보면
     인천대교 불빛 속에
     사라진 비둘기가 보일지 몰라.

     꽃 피는 봄날이면
     누군가와 손을 잡고
     바다와 섬 눈에 잡히는
     자유공원을 걸어보라.
     그 곳에 가면
     제물포가 보일지니.

- 「자유공원」 전문[140)

---

140) 이병춘, 「자유공원」, 『살만한 세상』, 해맞이미디어, 2011, 84~85면.

　② 한미 수교 100주년 기념탑과

　　한국전쟁의 영웅 맥아더 장군이 서 있는

　　이곳 자유공원에서 내려다보면

　　그 날의 포연 대신 매연만 자욱할 뿐

　　저 낮은 땅에 강림했다는 자유가

　　보이지 않는다 눌러도 눌러도

　　흐릿한 배경의 흑백사진만 찍혀 나올 뿐

　　컨테이너 화물선 사이에 박혀 있는

　　갈매기도 그냥 잿빛이다

　　　　　　　　　　　　－「인천 자유공원에서」[141]

　위의 시①은 이병춘의「자유공원」이고, 시②는 박일환의「인천 자유공원에서」에서인데, 두 편의 시는 대비되는 특성을 보인다. 먼저 시①에서는 꽃 피는 봄날 공원길을 걸으며 낭만을 즐기는 시의 화자를 접할 수 있게 된다. 특히 마지막 3연 "꽃 피는 봄날이면/누군가와 손을 잡고/바다와 섬 눈에 잡히는/자유공원을 걸어보라./그 곳에 가면/제물포가 보일지니."라는 구절에서와 같이 이 시에서는, 순수하게 봄날의 아름다움을 공원에서 만끽할 것을 권유하는 시의 화자와 만날 수 있게 되는 것이다. 이에 비해 시②에서는 이 땅의 비극적 현실 상황에서 고뇌하는 시의 화자가 눈에 띈다. 그는 한미 수교 100주년 기념탑과 한국전쟁의 영웅 맥아더 장군이 서 있는 자유공원에 올라 이를 보며 오히려, 한미 수교 이후 한국전쟁 등 참혹한 역사적 사건을 거치면서도 진정한 의미에서의 자유를 획득했는지에 대한 의문

───────────────

141) 박일환,「인천 자유공원에서」,『푸른 삼각뿔』, 내일을 여는 책, 2001, 75면.

을 제기하고 있다 하겠다. 이는, "저 낮은 땅에 강림했다는 자유가/
보이지 않는다 눌러도 눌러도/흐릿한 배경의 흑백사진만 찍혀 나올
뿐/컨테이너 화물선 사이에 박혀 있는/갈매기도 그냥 잿빛이다"라는
구절에 잘 나타나 있는 것이다.

이처럼 두 편의 시에서는 대비되는 특성을 보이는데, 이는 '보임'
과 '보이지 않음'이라는 시각적 심상의 대립을 통해서도 단적으로 파
악된다. 그리고 이렇게 같은 장소를 배경으로 창작된 작품임에도 불
구하고 이와 같이 대비되는 특성을 보이는 것은, 두 시인의 현실에
대한 인식, 또는 시대 상황을 바라보는 관점의 차이에서 비롯된 결과
라고 판단된다.

3) 홍예문

인천에서 어느 정도 생활한 사람치고 홍예문을 모르는 이는 거의
없을 것이다. 물론 홍예문은 문의 윗부분이 무지개의 형상처럼 반쯤
둥글게 된 문을 총칭하는 말이어서, 인천에만 있는 것은 아니다. 그
러나 인천에 있는 홍예문은 화강암을 쪼아 올린 조형미가 수려한 건
축물로 꽤 운치가 있다. 또한 담장이 어우러져 있어 영화나 드라마
등에 등장하기도 한다. 그래서 인천을 상징할 만한 대표적인 축조물
의 하나로 홍예문은, 시 지정 유형문화재 제49호로 알려져 있다. 더
구나 그 역사를 살펴볼 것 같으면, 이 문으로 통하는 길은, 각국 조계
(租界, 개항장의 일정 지역에 외국인 전용 거주지역을 획정하여 그 곳의
지방 행정권을 그들 외국인에게 위임한 것)와 축현역(현재, 동인천역)을
연결하기 위해 구한말 시내 유지들이 출연하기 시작한 후 국고에서

그 비용을 부담하여 건설한 것이다. 그런데 그 과정에서 일본은 자국 조계를 확장하기 위해 문을 내는 데에 앞장서 일본 공병대를 동원하였다. 그래서 여기에는 그 당시 일본의 토목공법 및 건축 자재에 대한 연구가 진행될 수 있을 만큼 그 원형이 그대로 보존되어 있는 것으로 볼 수 있다.[142] 그러면 이러한 홍예문을 주된 시적 소재로 한, 장석남의 시 「돌의 얼굴 – 하나」와 「돌의 얼굴 – 둘」에는 그것이 어떻게 형상화되어 있는가?

① 어느 하루 홍예문을 지나가게 되었습니다 수만 개의 돌을 쌓아 만든 홍예문 아래를 지나다가 그 많은 돌의 얼굴들 중에서 나는 한 가지 얼굴과 눈이 맞고 말았습니다 아주 가늘은 햇살로 숨을 내쉬고 들이쉬고 하는 그 가늘은 숨결 하나가 내 이마를 뚫고 들어와 가슴을 타고 발끝으로 새어 내려갔습니다 이 홍예문이 선 게 백년 남짓이니까 그 돌이 그 자리에서 그 눈빛을 쏟아낸 게 그만한 세월일 것인데 여전히 그 빛 생생하게 내 몸 속에다가 그 긴 세월의 그리움 치레를 하는 것이었습니다 이내 내 걸음은 그 자릴 지키지 못했지만 나는 그 돌로 걸어 들어가듯 어딘가로 걸어 들어가서 홍예문 아래를 지나가는 색시들이나 옷깃이 서걱이는 새아이들, 손 시리게 피어 있는 이른 봄 꽃들을 바라보듯 앞바다를 바라보고 또 보곤 하였습니다 집에 와서도 바라보았습니다

얼마 지나 다시 그 자릴 지나다가 그 돌을 보았더니 웬일로 거기엔 온통 신 사탕을 가득 문 봄바다의 얼굴이 일렁이고 있었습니다 그해 봄에 그 바다로 누가 걸어들어간 걸까요 걸어나온 걸까요 나는 홍예문을 지나면서 그 돌 틈에 난 담쟁이덩굴이나 쑥부쟁인지 뭔지 하는

---

142) 인천광역시, 『인천의 산과 하천』, 인천광역시 역사자료관, 2006, 97~98면.

풀에 내 눈빛을 걸어두고야 그곳을 지날 수 있었습니다

- 「돌의 얼굴-하나」 전문[143]

② 삭혀야 할 것이 있어서
　　속이 아플 때나
　　지나가는 여자를 보고 갑자기
　　길눈이 어두워질 때
　　나는 홍예문으로
　　돌의 얼굴을 보러 갑니다
　　그 동안 내가 사귄 돌들은 벌써 많아서
　　봄바다로 들어간 사람을 본 돌 벚꽃 떨어져 허리를 다친 돌 뱃고
　　동에만 귀를 여는 돌 속에 음악이 가득한 돌 열에 떠서 금강석을
　　진 돌
　　돌의 얼굴에 새겨진 별의 자국
　　바람의 애무
　　그런 것들도 봅니다
　　그날 하루 버리고 싶은 발길들
　　그런 것들도
　　흔들리는 어떤 돌 밑에 괴이고 옵니다

- 「돌의 얼굴-둘」 전문[144]

　　장석남의 이들 시에는 홍예문과 관련하여 앞에서 언급된 내용들이 거의 담겨져 있지 않다. 그의 이 두 편의 시에는 모두, 홍예문 자체보

---

143) 장석남, 「돌의 얼굴 - 하나」, 『지금은 간신히 아무도 그립지 않을 무렵』, 문학과지성사, 1995, 44면.
144) 장석남, 「돌의 얼굴 - 둘」, 위의 책, 45면.

다는 그 문을 이루고 있는 수만 개의 돌들과 관련된 시인의 개인적 체험 내용이 시의 근간을 이루고 있는 것이다. 이와 같은 맥락에서 본다면 시인의 '돌과의 사귐'을 시로써 나타낸 것으로 이해되는 이들 작품은, 그 시적 발상에 있어서 독창적이다. 물론 행 구분 없이 줄글로 죽 이어 씀으로써 산문시의 형식을 취하고 있는 시「돌의 얼굴 – 하나」와, 형식에 제한이 없이 자유롭게 씀으로써 자유시 형식을 취하고 있는 시「돌의 얼굴 – 둘」사이에는, 대비되는 특성을 보인다. 먼저 시「돌의 얼굴 – 하나」에서는 그 사귐의 과정을 보다 구체적으로 잘 나타냈다. 이에 비해「돌의 얼굴 – 둘」에서는 이후 그 사귐이 보다 깊이를 더해가게 되었음을 압축해서 드러내 보인 것이다. 이렇게 볼 때 이 두 편의 시가 독자에게 가져다주는 의미 또한 적지 않은 것으로 판단된다. 왜냐하면 사람들 사이의 속 깊은 만남이 점점 어려워져 가는 이 때, 사물들과의 자연스러운 만남과 대화를 이끌어 가는 것도 현대인들에게 삶의 지혜가 될 수 있기 때문이다.

4) 배다리

한 지역의 지리적 특성이 지명에만 남아 있는 경우를 적지 않게 볼 수 있다. 배다리도 그 대표적인 예 중의 하나라 할 수 있다. 지금 배다리에서는 그 지명의 특성을 찾아보기 어렵기 때문이다. 이와 같은 측면에서 작품을 통해서라도 그 모습을 연상해 볼 수 있다면, 이는 실로 다행이라 하지 않을 수 없다.

배다리 건너
마을 어구에 들면
정겨움 겨워 넘치던 일

물 건너
먼 강화섬 하늘
흰 학들 나는 모습 보던 일

그 선경
그 선한 마음이
물살에 비친 지 엊그제던가

지금은 도시화 바람이
닥치는 대로 뚫는 산업도로들에
인심마저 양극화한다
사막화한다

아, 언제라도
배다리 건너는 마음은
물살에 비치듯 선하다
그 참한 문화가 짙푸르다

— 「배다리」 전문[145)]

---

145) 강태열, 「배다리」, 연수문화원 엮음, 앞의 책, 130면. 이외에도 인천의 배다리 관련 시에는, 김영언의 「배다리에 고인 풍경, 혹은 추억 1994 여름」, 김정희의 「아벨서점」, 김철성의 「배다리에서」, 김춘의 「배다리 헌 책 골목」, 박일환의 「배다리의 밤」, 정경해의 「인천 52-배다리」 등이 더 있다.

위에 인용한 시는 강태열의 「배다리」인데, 이 시의 3연까지에는 과거 그곳과 그 주변의 경관뿐만 아니라 그로부터 느끼게 되는 정서도 잘 제시되어 있어 주목된다. 특히 "그 선경/그 선한 마음이/물살에 비친 지 엊그제던가"라는 구절에 이러한 특성이 잘 나타나 있다. 그렇지만 4연에 이르게 되면 도시화의 바람과 함께 인심도 달라졌다는 점을 보여준다. 그럼에도 불구하고 과거로부터 전해 내려오는 그곳의 인심과 문화는 변할 수 있는 것이 아님을 5연에서는 다시 드러낸다. 이렇게 볼 때 이 시는 사라져 가는 그곳의 지리뿐만 아니라 인심까지도 되새겨보게 해 준다는 점에서 가치가 있다 하겠다. 물론 실제로 과거 그곳이 그러했는지에 대해서는 확인이 요망되기는 하지만 말이다.

제4장

결론

　본 연구에서 필자는, 지금까지의 연구 성과를 바탕으로 일제강점기 때로부터 최근에 이르기까지 인천을 시의 소재 및 배경으로 취하고 있는 인천 시편들을 조사하여 목록화 하고, 이를 토대로 이 작품들에 대해 지리학적 측면에서 접근하여, 시인의 심상이 작품을 통해 어떻게 나타나는가를 파악할 뿐만 아니라 인천의 정체성에 대해 본격적으로 탐구함으로써 인천학으로서 인천에 대한 연구의 한 기틀을 마련코자 했다.

　그래서 필자는 먼저, 앞서 문예지나 시선집에 수록된, 인천을 시의 소재나 배경으로 취하고 있거나, 인천과 간접적으로라도 관련된 시 239편을 찾을 수 있었다. 또한 필자가 직접 한국문인협회 인천광역시지회 및 인천작가회의 시분과 소속 회원들에게 '2014년 인천학연구원 연구사업 저서과제－『한국 현대시와 인천 심상지리(心象地理)』 작품조사 참여 요청' 서신을 전자 우편으로 발송하여 23명의 시인들로부터 답신을 받을 수 있었다. 그리고 여기에다 필자가 다시, 이미 간행된 개인시집 및 전집, 문예지 등에 수록된 인천 시편들을 찾아

시인별로 정리했다. 이에 따라 이를 정리하여 표로 만든 것이 [부록 2]의 〈인천 시편의 시인별 분류표〉다. 지금까지 180명의 시인이 창작한 1,025편의 인천 시편을 시인별로 분류해서 작품명과 수록지(시집), 배경 등을 일목요연하게 파악할 수 있도록 정리했다.

이처럼 필자는, 인천 시편들을 찾아 시인별로 정리한 후, 이 작품들을 다시 시의 공간의 특성에 따라, '인천과 인천항, 그리고 인천사람들', '인천의 섬과 바다, 그리고 어촌 풍경', '산, 추억의 공간을 오르며', '삶의 공간을 찾아서', '인천의 역사 문화 탐방' 등 다섯 가지 유형으로 분류하고, 이를 바탕으로 인천의 지리와 관련하여 작품을 분석하고 해석하며 비평해 보았다.

그 결과 시인의 인천에 대한 인식과 심상이 작품을 통해 어떻게 나타나는가를 구체적으로 파악할 수 있었다. 작품 속에 형상화된 다양한 인천의 제 공간을 발견함으로써, 인천의 역사와 현실에 대해 재고할 수 있는 기회를 마련할 수 있게 된 것이다. 더욱이 이들 시인 중에는 한국 현대시문학사에서 중요한 위치를 차지하는 사람들도 많이 포함되어 있고, 이들의 시에서 다루어지는 내용 또한 단지 인천 지역에만 국한된 문제가 아니라는 점에서, 이와 같은 논의가 한국 현대시 전반에 대한 그것으로 폭넓고 심도 있게 전개될 수 있는 가능성에 대해서도 생각해 볼 수 있게 되었다. 이 연구 결과는 또한 인천의 청소년과 시민들에게 지역 문화에 대한 질 높은 정보를 제공하고, 이를 통해 지역에 대한 이해와 긍지를 고취하는 계기를 만들어 줄 것이다. 더욱이 실물적인 지역성에 기반하여 인천지역의 정체성을 드러낼 수 있는 중요한 문화학습콘텐츠의 기초를 닦아 줄 것이다.

그럼에도 불구하고 그간 출판된, 문예지나 동인지에 수록된 인천 시편에 대한, 충실한 검토까지 이르지 못한 점은 앞으로 보완되어야 할 과제로 남아 있다. 더욱이 개인 시집에 실린 작품들에 있어서도 인천 시편으로 분류될 수 있는 근거가 충분하지 않다고 판단되는 작품들은 연구 대상에서 일단 제외했다. 그러므로 이에 대한 재검토도 병행되어야 할 것으로 본다.

그리고 이와 같은 과제가 보완된다면, 이는 앞으로 제대로 된 '인천 시편 선집', 또는 '시전집'을 간행하는 데에 기본 자료로 활용될 수 있을 것이다. 더욱이 '인천 현대시문학사'를 기술하는 데에 있어서도 밑바탕이 될 수 있을 것으로 판단된다.

2014년 인천학연구원 연구사업 저서과제

『한국 현대시와 인천 심상지리(心象地理)』 작품조사 참여 요청

안녕하십니까?

시인(詩人)님의 무궁한 발전을 기원합니다.

먼저 사전 동의 없이 이런 메일을 보내드리게 된 점 대단히 송구스럽게 생각합니다.

저는, 인천대학교 인천학연구원에서 추진하는 "2014년 연구사업 저서과제" 공모에 『한국 현대시와 인천 심상지리(心象地理)』가 연구위원회의 심사결과 "통과"로 결정되어, 그 연구사업을 추진하게 된 황규수입니다. 인천에서 출생하여 인하대학교 및 동(同) 대학원을 졸업하고 인천개항장연구소 연구위원으로 인천문학에 관심을 갖고 인천을 소재나 주제 또는 배경으로 한, 인천 시편들을 대상으로 몇 편의 글을 정리한 바 있습니다.[1] 그래서 본 연구사업에서는 일제강점

---

1) 제가 그간 인천 시편을 대상으로 논의를 전개한 것으로는, 「시로 읽는 인천 개항장 풍경」(『인천 개항장 풍경』, 인천광역시 역사자료관 역사문화연구실, 2006, 37~77면), 「조병화 시와 인천 지역 문학」(『인하어문연구』제7호, 2006, 87~107면), 「시로 본 인천의 일상과 주거 공간」(『혜윰꼴』제18호, 한국방송통신대학교 인천지역대학 국어국문학과, 2007, 24~29면), 「1920년대, 시로 보는 인천 풍경」(『작가들』22, 2007. 가을,

기 때로부터 최근에 이르기까지 인천을 시의 공간으로 취하고 있는 인천 시편들에 대해 지리학적 측면에서 접근하여, 인천의 정체성에 대해 본격적으로 탐구해 보고자 합니다. 그렇지만 이와 같은 연구가 저 혼자의 노력만으로 제대로 이루어질 수 있으리라고는 생각지 않습니다. 왜냐하면 지금까지 인천 시편들은 여러 논자들에 의해 정리2)된 바 있기도 하지만, 그 대상이 상당히 방대하기 때문입니다.

본 메일은 이와 같은 취지에서 먼저, 인천 시편들을 온전히 정리하기 위해 시인(詩人)님께서 지금까지 창작하신 시들 가운데 인천 시편이 있으시면 알려주시기를 부탁드리려 보내는 것입니다. 위에서 말씀 드린 바와 같이 인천(인천 지역 전체만이 아니라 인천의 한 장소-항구·포구·섬·바다·산·절·교회·수문통·화도진·배다리·홍예문·성냥공장·학교·동네·시장·거리·공원·소금창고·염전, 자연, 인물, 음식, 유물 등 모두 포함)을 소재나 주제 또는 배경으로 한, 인천 시편들의 제목을 보내 드리는 양식(첨부 파일)에 작성(입력)해서 다시 보내 주시면 고맙겠습니다. 그러면 제가 이를 목록(저서 간행 시 부록으로 첨부)으로 만들어서 저의 연구사업 자료로 잘 활용할 뿐만 아니라, 이와 같은 인천의 문학 유산이 소실되지 않고 잘 보존 계승되어 많은

322~331면), 「시로 보는 1920·30년대 인천 풍경」(『작가들』23, 2007. 겨울, 405~415면), 「문화도시 인천의 이미지 제고를 위한 방안 모색」(『월미문화』2008년 겨울호, 36~37면), 「인천 홍예문의 역사와 시」(『월미문화』2009년 겨울호, 35~37면) 등이 있습니다.

2) 지금까지 인천 시편들을 정리해 놓은 것으로는, 이희환의 「인천 시편」(『황해문화』1996. 겨울호)과 「근대 인천과 지역문학2」(『황해문화』1998. 겨울호), 조영숙의 「인천을 소재로 한 시 작품 다시 읽기」(『학산문학』2002. 여름호), 김철성 엮음 『꽃섬에서 부르는 노래-동구향토시집』(삼정, 2003), 한국문인협회인천광역시지회 엮음 『작고 인천 문인 선집·1(시)』(한국문인협회인천광역시지회, 2008), 연수문화원 엮음 『지도가 있는 시(詩) 속의 인천』(혜화당, 2009) 등이 있습니다.

독자들에게 향수될 수 있도록 그 기반을 마련하겠습니다.

매우 바쁘시겠지만 시인님들께서 이 작품조사에 적극 참여해 주시기를 거듭 간곡하게 부탁드립니다. 그리고 시인님들께서 본 연구사업 진행과 관련해서 고견을 주신다면 이를 수렴토록 하겠습니다.

시인님의 관심과 참여에 깊이 감사드립니다.

2014년 3월 2일

2014년 인천학연구원 연구사업 저서과제 수행자

황규수 배상

※ 본 조사와 관련하여 문의사항이 있으시면 전화(○○○-○○○○-○○○○)로 연락 주셔도 좋습니다.

※ 작품조사 기간은 3월 3일(월)부터 3월 12일(수)까지, 10일간입니다.(조사 기간이 짧으신 분은 미리 연락 주시기 바랍니다.)

※ 작품조사에 참여하시는 분은, 붙임(첨부파일) 양식의 예와 같이 본인의 약력도 간략하게 작성해서 회신해 주시면, 목록 작성 및 연구 과제 수행 시 많은 도움이 되겠습니다.

※ 발표(출판) 연대가 오래 되었다거나 발표(출판)물이 도서관에 보관되어 있지 않는 등의 이유로, 조사 작품을 제가 입수하기가 어려울 것이라고 판단되실 경우, 작품 파일(한글이나 사진 등)이나 복사물 등을 저에게 보내주시면 더욱 고맙겠습니다.(말씀해 주시면 수신처를 알려 드리겠습니다.)

※ 인천 시편을 창작하신 시인이라고 판단되는데 본 메일 받지 못하셨다고 하시는 분이 주변에 있으시다면 그분 또는 저에게 알려 주시어, 본 조사가 더욱 충실하게 진행될 수 있도록 협조해 주시면 감사하겠습니다.

인천 시편의 시인별 분류표

순번 (작품 수)	시인	작품명	수록지(시집)	소재 또는 배경
1(1)	강태열	배다리	지도가 있는 시 속의 인천, 혜화당, 2009.	배다리
2(1)	고유섭	경인팔경	동아일보, 1925. 12.	경인팔경
3(4)	고은	백령도	남과 북, 창비, 2000.	백령도
		인천 연안부두	남과 북, 창비, 2000.	연안부두
		황해	꽃섬에서 부르는 노래, 삼정, 2003.	황해
		인천 앞바다	꽃섬에서 부르는 노래, 삼정, 2003.	인천 앞바다
4(1)	고은영	이 가을에 더욱 그리운 사람	그리움이 어두워질 때까지, 그림과책, 2005.	인천 공항
5(1)	곽연화	낯선 일상·1	희망의 새를 기다리며, 메세나, 2003.	모래내시장
6(14)	구경분	강화도	설악산지기 호랑이로 태어나리, 자료원, 2001.	강화도
		까나리 액젓	설악산지기 호랑이로 태어나리, 자료원, 2001.	(백령도) 까나리 액젓
		두무진	설악산지기 호랑이로 태어나리, 자료원, 2001.	(백령도) 두무진
		문학산	설악산지기 호랑이로 태어나리, 자료원, 2001.	문학산
		백령도	설악산지기 호랑이로 태어나리, 자료원, 2001.	백령도
		사곶 해안	설악산지기 호랑이로 태어나리,	(백령도)

순번 (작품 수)	시인	작품명	수록지(시집)	소재 또는 배경
			자료원, 2001.	사곶 해안
		소래산	설악산지기 호랑이로 태어나리, 자료원, 2001.	소래산
		심청각	설악산지기 호랑이로 태어나리, 자료원, 2001.	(백령도) 심청각
		연봉 바위	설악산지기 호랑이로 태어나리, 자료원, 2001.	(백령도) 연봉 바위
		용유도	설악산지기 호랑이로 태어나리, 자료원, 2001.	용유도
		짠지떡	설악산지기 호랑이로 태어나리, 자료원, 2001.	(백령도) 짠지떡
		콩돌 해안	설악산지기 호랑이로 태어나리, 자료원, 2001.	(백령도) 콩돌 해안
		통일 기원비	설악산지기 호랑이로 태어나리, 자료원, 2001.	(백령도) 통일 기원비
		패총	설악산지기 호랑이로 태어나리, 자료원, 2001.	(백령도) 패총
7(1)	권경업	백령도 -두무진에서-	지도가 있는 시 속의 인천, 혜화당, 2009.	백령도 두무진
8(4)	권숙이	마니산 까마귀	거울 속 낯선 여자, 문예운동, 2004.	강화 마니산
		창후리 선창	거울 속 낯선 여자, 문예운동, 2004.	강화 창후리
		동막리의 일몰	거울 속 낯선 여자, 문예운동, 2004.	강화 동막리
		강화 교산 교회 이야기	거울 속 낯선 여자, 문예운동, 2004.	강화 교산리
9(1)	권영준	소래 포구	학산문학, 2002. 여름.	소래 포구

순번 (작품 수)	시인	작품명	수록지(시집)	소재 또는 배경
10(1)	권용태	송도앞바다	지도가 있는 시 속의 인천, 혜화당, 2009.	송도앞바다
11(1)	김경식	계양산·1	학산문학, 2002. 여름.	계양산
12(1)	김광균	시를 쓴다는 것 이 이미 부질없 고나 −뭇 배인철군	김광균 전집, 국학자료원, 2002.	주안묘지
13(1)	김구연	강화 전등사에서	지도가 있는 시 속의 인천, 혜화당, 2009.	강화 전등사
14(1)	김기림	길에서 −제물포 풍경	태양의 풍속, 학예사, 1939.	제물포 풍경
15(6)	김기영	거마산	섬은 옛날이 그립다, 메세나, 2004.	(장수동) 거마산
		도시로 간 섬	섬은 옛날이 그립다, 메세나, 2004.	용유팔경 중 비포장군바위
		섬은 옛날이 그립다	섬은 옛날이 그립다, 메세나, 2004.	용유도 오성산
		연경산을 바라보며	섬은 옛날이 그립다, 메세나, 2004.	연경산 (남구, 문학산)
		오성산	섬은 옛날이 그립다, 메세나, 2004.	오성산(중구)
		옥빛 밴댕이	섬은 옛날이 그립다, 메세나, 2004.	나룻개(중구 남 북동 자연부락)
16(2)	김남주	남의 나라 장수 동상이 있는 나 라는	조국은 하나다, 남풍, 1988.	맥아더 장군 동상
		강화도에 와서	이 좋은 세상에, 한길사, 1992.	강화도
17(1)	김동환 A	월미도해녀요	습작시대, 1927. 2.	월미도

순번 (작품 수)	시인	작품명	수록지(시집)	소재 또는 배경
18(3)	김동환 B	경서동에서	나는 것은 새들만이 아니다, 봄·여름, 1997.	경서동
		청라도 분교	나는 것은 새들만이 아니다, 봄·여름,1997.	청라도 분교
		화수부두	꽃섬에서 부르는 노래, 삼정, 2003.	화수부두
19(6)	김명남	장수동 은행나무	작가들, 2001. 여름.	장수동 은행나무
		주부토로	시간이 일렁이는 소리를 듣다, 시평사, 2010.	주부토로 (계양구 작전동 740-8 ↔ 계산 동 907)
		선녀바위	시간이 일렁이는 소리를 듣다, 시평사, 2010.	(을왕리) 선녀바위
		계양산 하느재	시간이 일렁이는 소리를 듣다, 시평사, 2010.	계양산 하느재
		울섬	시간이 일렁이는 소리를 듣다, 시평사, 2010.	울섬, 서해바다 끝섬
		소래포구	시간이 일렁이는 소리를 듣다, 시평사, 2010.	소래포구
20(1)	김상학	작약도	날마다 향기를 내는 그대는 나의 의미입니다, 문학과현실사, 1997.	작약도
21(1)	김소월	밤	개벽, 1922. 2.	제물포
22(3)	김순자	소래포구	풀잎은 누워서 운다, 메세나, 2013.	소래포구
		만월산	풀잎은 누워서 운다, 메세나, 2013.	만월산

순번 (작품 수)	시인	작품명	수록지(시집)	소재 또는 배경
		신포동	풀잎은 누워서 운다, 메세나, 2013.	신포동
23(1)	김연대	그 해 겨울 인천엔	꽃섬에서 부르는 노래, 삼정, 2003.	인천
24(7)	김연식	마니산의 정수사	별 하나의 고독을, 한글, 2003	마니산 정수사
		소래산·1	별 하나의 고독을, 한글, 2003	소래산(남동구 장수동)
		소래산·2	별 하나의 고독을, 한글, 2003	소래산(남동구 장수동)
		소래산·3	별 하나의 고독을, 한글, 2003	소래산(남동구 장수동)
		소래산·4	별 하나의 고독을, 한글, 2003	소래산(남동구 장수동)
		아름다운 진실은	별 하나의 고독을, 한글, 2003	인천문단 시절
		인천국제공항 개항의 날에	별 하나의 고독을, 한글, 2003	인천국제공항
25(2)	김연신	인천에 있는 슬픈 성냥 공장	시인, 시인들, 문학과지성사, 2004.	인천 성냥 공장 아가씨
		강화도를 보며	시인, 시인들, 문학과지성사, 2004.	강화도 역사
26(10)	김영승	반성 185	차에 실려가는 차, 우경, 1988.	연안부두 길가
		반성 837	차에 실려가는 차, 우경, 1988.	송도 유원지
		반성 831	차에 실려가는 차, 우경, 1988.	길병원 신축 현 장 앞 벌판
		반성 801	차에 실려가는 차, 우경, 1988.	신포동, 석바위 지하상가

순번 (작품 수)	시인	작품명	수록지(시집)	소재 또는 배경
		권태·78	권태, 책나무, 1994.	십정동 도살장
		열쇠	꽃섬에서 부르는 노래, 삼정, 2003.	화평동
		인천은 평화	노래하자 아름다운 우리 국토를, 천년의시작, 2007.	인천
		달빛 쏟아지는 집	지도가 있는 시 속의 인천, 혜화당, 2009.	구월동
		흐린 날 미사일	흐린 날 미사일, 나남, 2013.	(동춘동) 봉재산
		부평시장역	흐린 날 미사일, 나남, 2013.	부평시장역
27(33)	김영언	가라앉는 섬 -한리포전설12	아무도 주워 가지 않는 세월, 내일을여는책, 2002.	한리포
		비탈진 사랑법 - 한리포 전설 13	아무도 주워 가지 않는 세월, 내일을여는책, 2002.	한리포
		송림국민학교 1 -세월, 1985	아무도 주워 가지 않는 세월, 내일을여는책, 2002.	송림국민학교
		송림국민학교 3 -졸업하는 아이들에게	아무도 주워 가지 않는 세월, 내일을여는책, 2002.	송림국민학교
		배다리에 고인 풍경, 혹은 추억 1994 여름	아무도 주워 가지 않는 세월, 내일을여는책, 2002.	배다리

순번 (작품 수)	시인	작품명	수록지(시집)	소재 또는 배경
		꽃게탕을 먹는 저녁	아무도 주워 가지 않는 세월, 내일을여는책, 2002.	강화 선수 포구
		그 해 초봄 전봇 대는 아름다운 나무였다	아무도 주워 가지 않는 세월, 내일을여는책, 2002.	방축동 골목 시장 입구
		살구꽃 핀 세월	아무도 주워 가지 않는 세월, 내일을여는책, 2002.	자월도 한리포 배경
		부두에서	아무도 주워 가지 않는 세월, 내일을여는책, 2002.	이작도, 승봉도, 자월도, 인천
		계산동 개구리소리	아무도 주워 가지 않는 세월, 내일을여는책, 2002.	계산동 개구리소리
		번지 없는 그리움의 저녁	아무도 주워 가지 않는 세월, 내일을여는책, 2002.	계양산 발치 낯선 풍경 속
		수족관 우럭의 꿈	아무도 주워 가지 않는 세월, 내일을여는책, 2002.	월미도 밤바다
		哭, 葛山中學校	아무도 주워 가지 않는 세월, 내일을여는책, 2002.	葛山中學校, 굴포천 둑
		시인 李奎報 무 덤 앞 소나무 몇 그루 세월의 지팡 이로 꽂혀 있는 유연복의 판화	아무도 주워 가지 않는 세월, 내일을여는책, 2002.	(강화도) 李奎報 무덤 앞 소나무 몇 그루
		紫月島의 詩	아무도 주워 가지 않는 세월, 내일을여는책, 2002.	紫月島
		이어지지 않는 땅 -한리포전설5	아무도 주워 가지 않는 세월, 내일을여는책, 2002.	자월도 한리포 마을 배경

순번 (작품 수)	시인	작품명	수록지(시집)	소재 또는 배경
		불 없는 밤 -한리포전설10	아무도 주워 가지 않는 세월, 내일을여는책, 2002.	자월도 한리포 마을 배경
		아버지의 바다 -한리포전설19	아무도 주워 가지 않는 세월, 내일을여는책, 2002.	자월도 한리포 마을 배경
		아들의 자리 -한리포전설22	아무도 주워 가지 않는 세월, 내일을여는책, 2002.	자월도 한리포 마을 배경
		가을포구에서	아무도 주워 가지 않는 세월, 내일을여는책, 2002.	소래포구 배경
		수인선 -소래에서	아무도 주워 가지 않는 세월, 내일을여는책, 2002.	수인선, 소래
		세모의 거리에서	아무도 주워 가지 않는 세월, 내일을여는책, 2002.	동인천 지하상가
		겨울우화	아무도 주워 가지 않는 세월, 내일을여는책, 2002.	수도국산 가파른 비탈
		행복사기 (幸福史記)	집 없는 시대의 자화상, 작은숲, 2014.	홈플러스 작전점
		連陸橋시대	집 없는 시대의 자화상, 작은숲, 2014.	영흥도 배경
		6시 내 고향	집 없는 시대의 자화상, 작은숲, 2014.	자월도 배경
		부평지하상가 밤거미의 그리움에 관한 절규	집 없는 시대의 자화상, 작은숲, 2014.	부평지하상가
		키친아트의 추억	집 없는 시대의 자화상, 작은숲, 2014.	가좌동 소재 키친아트 (경동산업) 배경
		기울어진 길	집 없는 시대의 자화상, 작은숲, 2014.	자월도 배경

순번 (작품 수)	시인	작품명	수록지(시집)	소재 또는 배경
		간판을 다는 마을	집 없는 시대의 자화상, 작은숲, 2014.	자월도 한리포 민박 마을
		들깨를 터는 노인	집 없는 시대의 자화상, 작은숲, 2014.	강화도 이규보 무덤 배경
		강화도 풍경	집 없는 시대의 자화상, 작은숲, 2014.	강화도 풍경
		러브호텔 요양원	집 없는 시대의 자화상, 작은숲, 2014.	강화도 배경
28(1)	김영호	인천 연안부두쯤	당신의 초상, 대제각, 1993.	연안부두
29(1)	김원옥	그림이 된 풍경	지도가 있는 시 속의 인천, 혜화당, 2009.	마니산, 간척 논, 참성단, 섬들
30(1)	김월준	청량산을 오르며	지도가 있는 시 속의 인천, 혜화당, 2009.	청량산
31(7)	김윤식	월미도	월미도, 가천문화재단, 2002.	월미도
		소래	사랑한다는 것은 한 사람의 마음 이 저문 종소리를 울리고 있다는 것이다. 다인아트, 2003.	소래
		송림동을 지나며	옥탑방으로 이사하다, 학산문학사, 2006.	송림동
		인천	옥탑방으로 이사하다, 학산문학사, 2006.	인천
		소래	옥탑방으로 이사하다, 학산문학사, 2006.	소래
		인천의 성냥공장	옥탑방으로 이사하다, 학산문학사, 2006.	인천의 성냥공장
		인천 2	인천문학상수상작품집, 한국문인 협회인천광역시지회, 2013.	인천

순번 (작품 수)	시인	작품명	수록지(시집)	소재 또는 배경
32(1)	김윤자	인천국제공항	문학서초 6호, 2002.	인천국제공항
33(2)	김의중	소래포구의 봄	인천문단, 2012.	소래포구
		월미도의 달빛	인천문단, 2013.	월미도
34(1)	김인호	인천·1991	인천문인대표작선집(1), 한국문협인천지부, 1993.	인천·1991
35(1)	김정자	나그네는 길을 잃었다	꽃섬에서 부르는 노래, 삼정, 2003.	부처산 언덕
36(19)	김정희	계단에 숨은 기억	산으로 간 물고기, 문학의전당, 2004.	제물포 역 뒤켠 한길 가 붉은 기와집
		항구 쪽으로 걸어나가다	산으로 간 물고기, 문학의전당, 2004.	항구
		아벨서점	산으로 간 물고기, 문학의전당, 2004.	배다리 아벨서점
		아픈 꽃	산으로 간 물고기, 문학의전당, 2004.	경인 고속도로변
		철둑길을 흔드는	산으로 간 물고기, 문학의전당, 2004.	도원동 철둑길 가
		화교 예배당	산으로 간 물고기, 문학의전당, 2004.	화교 예배당
		십정동-이별	벚꽃 핀 길을 너에게 주마, 문학의전당, 2007.	십정동
		그 뱀의 늦봄	벚꽃 핀 길을 너에게 주마, 문학의전당, 2007.	운서동 들녘의 마른 수로
		늙은 단봉낙타의 밤	벚꽃 핀 길을 너에게 주마, 문학의전당, 2007.	주안역 앞 지하상가 계단
		동토에서	벚꽃 핀 길을 너에게 주마, 문학의전당, 2007.	전동 거리

순번 (작품 수)	시인	작품명	수록지(시집)	소재 또는 배경
		만석부두에 들어	벚꽃 핀 길을 너에게 주마, 문학의전당, 2007.	만석부두
		명신철학관 앞에서 3분	벚꽃 핀 길을 너에게 주마, 문학의전당, 2007.	주안 천주교회 축대
		보름달 속으로 난 길	벚꽃 핀 길을 너에게 주마, 문학의전당, 2007.	창영동 고갯마루 길
		십정동 -바바리맨	벚꽃 핀 길을 너에게 주마, 문학의전당, 2007.	십정동
		해후	벚꽃 핀 길을 너에게 주마, 문학의전당, 2007.	부평역 앞
		작은 전설 -자유공원의	벚꽃 핀 길을 너에게 주마, 문학의전당, 2007.	자유공원
		청라도 환몽	벚꽃 핀 길을 너에게 주마, 문학의전당, 2007.	청라도
		십정동 -별과 별 사이	환몽, 여름숲, 2010.	십정동
		관모산에 들어	환몽, 여름숲, 2010.	관모산
37(1)	김중식	식당에 딸린 방 한 칸	황금빛 모서리, 문학과지성사, 1993.	옐로우 하우스
38(1)	김진학	소금창고1	지도가 있는 시 속의 인천, 혜화당, 2009.	소래 소금창고
39(6)	김철성	수류화개 (水流化開)	학산문학, 2002. 여름.	(화수동) 옛 인천 무네미
		화도진에서	꽃섬에서 부르는 노래, 삼정, 2003.	화도진
		화수부두	꽃섬에서 부르는 노래, 삼정, 2003.	화수부두

순번 (작품 수)	시인	작품명	수록지(시집)	소재 또는 배경
		송림동에서	꽃섬에서 부르는 노래, 삼정, 2003.	송림동
		배다리에서	검은 강물, 서늘한 바람, 시와사람, 2013	배다리
		송림동 달동네	검은 강물, 서늘한 바람, 시와사람, 2013	송림동 달동네
40(4)	김춘	포양주	불량한 시각, 리토피아, 2012.	부개역 매표소 앞
		봄의 장례 -백령도 앞바다	불량한 시각, 리토피아, 2012.	백령도 앞바다
		배다리 헌 책 골목	불량한 시각, 리토피아, 2012.	배다리 헌 책 골목
		무의도의 아침	불량한 시각, 리토피아, 2012.	무의도
41(2)	김춘수	그 이야기를……	꽃의 소묘, 백자사, 1959.	인천
		바다 사냥	비에 젖은 달, 근역서제, 1980.	경인가도
42(3)	김학균	동터에 꽃, 피고 살고	꽃섬에서 부르는 노래, 삼정, 2003.	동터
		금창동에 가면	꽃섬에서 부르는 노래, 삼정, 2003.	금창동
		수문통 소견 (小見)	꽃섬에서 부르는 노래, 삼정, 2003.	수문통
43(1)	김해자	송림동 카바레의 추억	꽃섬에서 부르는 노래, 삼정, 2003.	송림동
44(2)	나덕춘	산비탈 그 동네	꽃섬에서 부르는 노래, 삼정, 2003.	송림동 산8번지
		땅 위의 별들	꽃섬에서 부르는 노래, 삼정, 2003.	송림로 시장통
45(1)	나태주	꽃피는 도화동	지도가 있는 시 속의 인천,	도화동

순번 (작품 수)	시인	작품명	수록지(시집)	소재 또는 배경
			혜화당, 2009.	
46(1)	남현숙	월미도 야경	학산문학, 2002. 여름.	월미도
47(1)	노두식	月尾바다	우리의 빈가지 위에, 문협출판부, 1996.	月尾바다
48(1)	노향림	강화읍 지나며	지도가 있는 시 속의 인천, 혜화당, 2009.	강화읍 옥근리
49(79)	노희정	반쯤 쑤셔 박힌 집-강화도·13	강화도, 우리글, 2008.	강화도
		마음을 기대는 집-강화도·5	강화도, 우리글, 2008.	강화도
		쪽실 민박집 -강화도·26	강화도, 우리글, 2008.	강화도
		천지송·1 -강화도·42	강화도, 우리글, 2008.	강화도
		섬·5 -강화도·33	강화도, 우리글, 2008.	강화도
		섬·4 -강화도·32	강화도, 우리글, 2008.	강화도
		섬·3 -강화도·31	강화도, 우리글, 2008.	강화도
		섬·1 -강화도·29	강화도, 우리글, 2008.	강화도
		밴댕이 -강화도·4	강화도, 우리글, 2008.	강화도
		단오 한낮의 갯벌 -강화도·45	강화도, 우리글, 2008.	강화도

순번 (작품 수)	시인	작품명	수록지(시집)	소재 또는 배경
		너와 나 사이에 −강화도·23	강화도, 우리글, 2008.	강화도
		나문재 −강화도·21	강화도, 우리글, 2008.	강화도
		너는 너대로 나는 나대로 −강화도·20	강화도, 우리글, 2008.	강화도
		노을 −강화도·47	강화도, 우리글, 2008.	강화도
		동막 해수욕장 −강화도·10	강화도, 우리글, 2008.	강화도
		갯벌에 누워 −강화도·37	강화도, 우리글, 2008.	강화도
		망둥이 −강화도·8	강화도, 우리글, 2008.	강화도
		겨울 연가·1 −강화도·34	강화도, 우리글, 2008.	강화도
		겨울 연가·2 −강화도·35	강화도, 우리글, 2008.	강화도
		겨울 연가·3 −강화도·36	강화도, 우리글, 2008.	강화도
		감나무 −강화도·77	강화도, 우리글, 2008.	강화도
		술 먹을 권리 −강화도·25	강화도, 우리글, 2008.	강화도
		염하강 −강화도·2	강화도, 우리글, 2008.	강화도
		순무를 다듬으며 −강화도·78	강화도, 우리글, 2008.	강화도

순번 (작품 수)	시인	작품명	수록지(시집)	소재 또는 배경
		합장 -강화도·74	강화도, 우리글, 2008.	강화도
		외갈매기 -강화도·7	강화도, 우리글, 2008.	강화도
		논두렁에서 -강화도·22	강화도, 우리글, 2008.	강화도
		남보랏빛 들부추 꽃의 환생 -강화도·27	강화도, 우리글, 2008.	강화도
		갯벌의 꿈 -강화도·38	강화도, 우리글, 2008.	강화도
		게 구멍 -강화도·39	강화도, 우리글, 2008.	강화도
		갯벌 -강화도·40	강화도, 우리글, 2008.	강화도
		마니산은 밀애 중 -강화도·76	강화도, 우리글, 2008.	강화도
		모래성 -강화도·75	강화도, 우리글, 2008.	강화도
		강화도의 노래 -강화도·6	강화도, 우리글, 2008.	강화도
		똑딱선 -강화도·1	강화도, 우리글, 2008.	강화도
		고려궁지 -강화도·11	강화도, 우리글, 2008.	강화도
		천지송·2 -강화도·44	강화도, 우리글, 2008.	강화도
		초지진 소나무 -강화도·43	강화도, 우리글, 2008.	강화도

순번 (작품 수)	시인	작품명	수록지(시집)	소재 또는 배경
		동행 -강화도·24	강화도, 우리글, 2008.	강화도
		나녀상 -강화도·15	강화도, 우리글, 2008.	강화도
		사랑의 다리 -강화도·65	강화도, 우리글, 2008.	강화도
		손돌바람 -강화도·9	강화도, 우리글, 2008.	강화도
		정수사 -강화도·63	강화도, 우리글, 2008.	강화도
		탱자의 꿈 -강화도·64	강화도, 우리글, 2008.	강화도
		제1대교에서 제2대교까지 -강화도·14	강화도, 우리글, 2008.	강화도
		통통배 -강화도·19	강화도, 우리글, 2008.	강화도
		마니산 참성단·1- 강화도·62	강화도, 우리글, 2008.	강화도
		덕진진 포대 -강화도·16	강화도, 우리글, 2008.	강화도
		광성보 어재연 장군 -강화도·12	강화도, 우리글, 2008.	강화도
		인삼을 자른 칼 -강화도·84	강화도, 우리글, 2008.	강화도
		마니산 참성단·2	강화도, 우리글, 2008.	강화도

순번 (작품 수)	시인	작품명	수록지(시집)	소재 또는 배경
		-강화도·85		
		웃음질구이· 조각가 김주호 -강화도·51	강화도, 우리글, 2008.	강화도
		신들린 손· 서예가 심은 전정우 -강화도·52	강화도, 우리글, 2008.	강화도
		강화 바람 같은 시인 함민복 -강화도·53	강화도, 우리글, 2008.	강화도
		천일홍·동시동 화작가 구경분 -강화도·87	강화도, 우리글, 2008.	강화도
		삶과 죽음의 다리 생사교· 김금화 -강화도·59	강화도, 우리글, 2008.	강화도
		달의 꽃· 소설가 유영갑 -강화도·56	강화도, 우리글, 2008.	강화도
		연 스님· 선원사 주지 성원스님 -강화도·57	강화도, 우리글, 2008.	강화도
		내 친구· 어부 조용구 -강화도·58	강화도, 우리글, 2008.	강화도

순번 (작품 수)	시인	작품명	수록지(시집)	소재 또는 배경
		삭힌 고추· 넷째 언니 노서운 -강화도·60	강화도, 우리글, 2008.	강화도
		이규보 -강화도·48	강화도, 우리글, 2008.	강화도
		오동나무와 우물·연산군 -강화도·50	강화도, 우리글, 2008.	강화도
		임금님의 첫사랑·철종 -강화도·49	강화도, 우리글, 2008.	강화도
		저승에서 온 편지·어머니 주영례 -강화도·61	강화도, 우리글, 2008.	강화도
		꽃아·적석사 -강화도·72	강화도, 우리글, 2008.	강화도
		달개비꽃 피는 문학관 -강화도·17	강화도, 우리글, 2008.	강화도
		돌의 꿈· 하점면 부근리 고인돌 -강화도·18	강화도, 우리글, 2008.	강화도
		산행·고려산 -강화도·20	강화도, 우리글, 2008.	강화도
		연꽃 속으로· 선원사 -강화도·68	강화도, 우리글, 2008.	강화도

순번 (작품 수)	시인	작품명	수록지(시집)	소재 또는 배경
		연꽃 앞에서 · 백련사 -강화도 · 66	강화도, 우리글, 2008.	강화도
		연꽃 뒤에서 · 청련사 -강화도 · 86	강화도, 우리글, 2008.	강화도
		연의 숨결이여! 영원하라 -강화도 · 71	강화도, 우리글, 2008.	강화도
		연잎 · 황련사 -강화도 · 69	강화도, 우리글, 2008.	강화도
		원대한 길 -강화도 · 70	강화도, 우리글, 2008.	강화도
		연 날리기 -강화도 · 73	강화도, 우리글, 2008.	강화도
		육필문학관 옆 까치집 -강화도 · 54	강화도, 우리글, 2008.	강화도
		선원사 논두렁 연꽃축제 -강화도 · 81	강화도, 우리글, 2008.	강화도
		강화도 아리랑 -강화도 · 82	강화도, 우리글, 2008.	강화도
		강화도 · 1 -강화도 · 83	강화도, 우리글, 2008.	강화도
50(1)	랑승만	월미 부두	지도가 있는 시 속의 인천, 혜화낭, 2009.	월미 부두
51(1)	랑정	한바퀴론	지도가 있는 시 속의 인천, 혜화당, 2009.	송도

순번 (작품 수)	시인	작품명	수록지(시집)	소재 또는 배경
52(15)	류제희	밀려드는 것이 어디 바닷물 뿐이랴 -소래마을·1	논현동577번지, 메세나, 2003.	소래마을
		오월 -소래마을·2	논현동577번지, 메세나, 2003.	소래마을
		저물녘, 철교위 에서 -소래마을·3	논현동577번지, 메세나, 2003.	소래마을
		복사꽃 -소래마을·4	논현동577번지, 메세나, 2003.	소래마을
		찔레꽃 필 무렵 -소래마을·5	논현동577번지, 메세나, 2003.	소래마을
		갈대 -소래마을·6	논현동577번지, 메세나, 2003.	소래마을
		버스38번 -소래마을·7	논현동577번지, 메세나, 2003.	소래마을
		지금은 철거 중 -소래마을·8	논현동577번지, 메세나, 2003.	소래마을
		번지수가 바뀌고 있다 -소래마을·9	논현동577번지, 메세나, 2003.	소래마을
		봄, 을왕리	논현동577번지, 메세나, 2003.	을왕리
		지는 꽃잎 위로 -소래마을·10	소금창고, 문학의전당, 2011.	소래마을
		곡우 무렵 -소래마을·11	소금창고, 문학의전당, 2011.	소래마을
		논현 신도시 -소래마을·13	소금창고, 문학의전당, 2011.	소래마을

순번 (작품 수)	시인	작품명	수록지(시집)	소재 또는 배경
		소금창고	소금창고, 문학의전당, 2011.	소금창고
		백령도 봉선화	소금창고, 문학의전당, 2011.	백령도
53(3)	명서영	고사리 -문학산에서	시계, 진원출판사, 2010.	문학산
		우리 동네 이길여 씨	시계, 진원출판사, 2010.	우리 동네
		계양산은 달리고 싶다	인천문단, 2014.	계양산
54(1)	문정희	인천에 가거든	한국향토시선, 한국지역문학전 남광주백년발전협의회, 2002.	인천
55(1)	문추자	월미도의 겨울연가	비오는 바다, 경운문예원, 1989.	월미도
56(30)	박경순	4월 유감 -90상실	인천문인대표작선집(1), 한국문 협인천지부, 1993.	강화도 들녘
		연안부두	새는 앉아 또 하나의 시를 쓰고, 시와시학사, 1997.	연안부두
		배꼽산(2)	새는 앉아 또 하나의 시를 쓰고, 시와시학사, 1997.	배꼽산 (문학산)
		소래포구	새는 앉아 또 하나의 시를 쓰고, 시와시학사, 1997.	소래포구
		부평 망우리에서	새는 앉아 또 하나의 시를 쓰고, 시와시학사, 1997.	부평 망우리
		신포동 연가	새는 앉아 또 하나의 시를 쓰고, 시와시학사, 1997.	신포동
		이작도 부두에서	이제 창문 내는 일만 남았다, 포엠토피아, 2002.	이작도 부두

순번 (작품 수)	시인	작품명	수록지(시집)	소재 또는 배경
		다시 아암도에서	이제 창문 내는 일만 남았다, 포엠토피아, 2002.	아암도
		연안부두 연가·1-그물 뜨는 사람들	이제 창문 내는 일만 남았다, 포엠토피아, 2002.	연안부두
		연안부두 연가 ·2-북성동 1가 103번지	이제 창문 내는 일만 남았다, 포엠토피아, 2002.	연안부두
		연안부두 연가 ·3-별리	이제 창문 내는 일만 남았다, 포엠토피아, 2002.	연안부두
		연안부두 연가 ·4-정물	이제 창문 내는 일만 남았다, 포엠토피아, 2002.	연안부두
		연안부두 연가 ·5-목련꽃 진 자리	이제 창문 내는 일만 남았다, 포엠토피아, 2002.	연안부두
		연안부두 연가 ·6-이정표	이제 창문 내는 일만 남았다, 포엠토피아, 2002.	연안부두
		연안부두 연가 ·7-수족관	이제 창문 내는 일만 남았다, 포엠토피아, 2002.	연안부두
		연안부두 연가 ·8 -폭풍주의보	이제 창문 내는 일만 남았다, 포엠토피아, 2002.	연안부두
		연안부두 연가 ·9 -함석 지붕에 수직으로 떨어 지는 빗줄기처럼	이제 창문 내는 일만 남았다, 포엠토피아, 2002.	연안부두

순번 (작품 수)	시인	작품명	수록지(시집)	소재 또는 배경
		연안부두 연가 ·10-덕적도	이제 창문 내는 일만 남았다, 포엠토피아, 2002.	연안부두
		배꼽산·6	이제 창문 내는 일만 남았다, 포엠토피아, 2002.	배꼽산
		배꼽산·7	이제 창문 내는 일만 남았다, 포엠토피아, 2002.	배꼽산
		배꼽산·8	이제 창문 내는 일만 남았다, 포엠토피아, 2002.	배꼽산
		2001, 옥련동 가시철망	이제 창문 내는 일만 남았다, 포엠토피아, 2002.	옥련동
		해안도로를 달리며	이제 창문 내는 일만 남았다, 포엠토피아, 2002.	아암도
		출항 10 -어느새 가을	바다에 남겨 놓은 것들, 고요아침, 2011.	청량산 은행
		입항 1-바다에 남겨 놓은 것들	바다에 남겨 놓은 것들, 고요아침, 2011.	자유공원 담쟁 이 뒷길
		영종도	바다에 남겨 놓은 것들, 고요아침, 2011.	영종도
		연안부두 연가11 -비우고 떠나기	바다에 남겨 놓은 것들, 고요아침, 2011.	연안부두
		2007, 송도와 잭과 콩나무	바다에 남겨 놓은 것들, 고요아침, 2011.	송도
		추석	바다에 남겨 놓은 것들, 고요아침, 2011.	인천 부평 아버지
		꿈	바다에 남겨 놓은 것들, 고요아침, 2011.	인천
57 (7)	박기을	을왕리에서 1- 장원준 시인의 슬프고 질긴 연	어울문학동인 동인지 13집, 2013. 12.	을왕리

순번 (작품 수)	시인	작품명	수록지(시집)	소재 또는 배경
		애담을 회상하며		
		을왕리에서 2- 해당화를 보며	시인 소개작	을왕리
		을왕리에서 3- 아침바다 조개를 보며	시인 소개작	을왕리
		을왕리에서 4- 모래톱을 보며	시인 소개작	을왕리
		을왕리에서 5- 수정산 소풍을 회상하며	시인 소개작	을왕리
		을왕리에서 6- 스마트폰	시인 소개작	을왕리
		을왕리에서 7- 원하일 시인의 지하철 완주 여행 소식을 접하며	시인 소개작	을왕리
58 (7)	박몽구	교동도에 가서	철쭉꽃 연붉은 사랑, 실천문학사, 1990.	교동도
		영종도 추씨	철쭉꽃 연붉은 사랑, 실천문학사, 1990.	영종도
		협궤열차를 타고	철쭉꽃 연붉은 사랑, 실천문학사, 1990.	송도역
		겨울 석모도에서1	개리 카를 들으며, 문학동네, 2001.	석모도
		겨울 석모도에서2 -보리밥집	개리 카를 들으며, 문학동네, 2001.	석모도

순번 (작품 수)	시인	작품명	수록지(시집)	소재 또는 배경
		소래 가는 길	개리 카를 들으며, 문학동네, 2001.	소래
		외포리에 가서	개리 카를 들으며, 문학동네, 2001.	외포리
59(7)	박서혜	월미도(月尾島)	울창한 숲이 묻는다, 문학세계사, 1989.	월미도(月尾島)
		영종섬	입술, 아침나라, 1993.	영종섬
		마니산	마니산 자락, 다인아트, 2011.	마니산
		마니산 자락	마니산 자락, 다인아트, 2011.	마니산 자락
		진강산·1	마니산 자락, 다인아트, 2011.	진강산
		진강산·2	마니산 자락, 다인아트, 2011.	진강산
		마음을 씻다	마니산 자락, 다인아트, 2011.	무의도
60(1)	박송	제물포	지도가 있는 시 속의 인천, 혜화당, 2009.	제물포
61(5)	박영근	동암역 근처	지금도 그 별은 눈뜨는가, 창작과비평사, 1997.	동암역 근처
		연평도의 말	저 꽃이 불편하다, 창작과비평사, 2002.	연평도
		월미산에서	저 꽃이 불편하다, 창작과비평사, 2002.	월미산
		낡은 집	별자리에 누워 흘러가다, 창비, 2007.	부평
		겨울 선두리에서 2	솔아 푸른 솔아, 강, 2009.	선두리
62(1)	박인환	인천항	박인환 전집, 실천문학사, 2008.	인천항
63(11)	박일	월미도에서 1	사랑에게, 도서출판 서해, 1992.	월미도

순번 (작품 수)	시인	작품명	수록지(시집)	소재 또는 배경
		월미도에서 2	사랑에게, 도서출판 서해, 1992.	월미도
		월미도에서 3	사랑에게, 도서출판 서해, 1992.	월미도
		월미도에서 4	사랑에게, 도서출판 서해, 1992.	월미도
		영종도	사랑에게, 도서출판 서해, 1992.	영종도
		인천비·1	사랑에게, 도서출판 서해, 1992.	인천
		인천비·2	사랑에게, 도서출판 서해, 1992.	인천
		인천비·3 -오, 인천	사랑에게, 도서출판 서해, 1992.	인천
		인천비·4	사랑에게, 도서출판 서해, 1992.	인천
		인천비·5	사랑에게, 도서출판 서해, 1992.	인천
		인천비·6	사랑에게, 도서출판 서해, 1992.	인천
64(4)	박일환	인천 자유공원에서	푸른 삼각뿔, 내일을여는책, 2001.	자유공원
		배다리의 밤	끊어진 현, 삶이보이는창, 2008.	배다리
		최병은 씨 댁 옆집-박영근 시인을 생각하며	끊어진 현, 삶이보이는창, 2008.	부평4동
		만석부두	끊어진 현, 삶이보이는창, 2008.	만석부두
65(1)	박정대	사곶 해안	지도가 있는 시 속의 인천, 혜화당, 2009.	백령도 사곶 해안
66(1)	박팔양	인천항	조선지광, 1928. 7.	인천항
67(1)	박현조	인천 사람들	인천사람들, 은혜미디어, 2008.	인천 사람들
68(5)	박형준	수문통	춤, 창비, 2005.	수문통
		수문통 2	생각날 때마다 울었다, 문학과지성사, 2011.	수문통

순번 (작품 수)	시인	작품명	수록지(시집)	소재 또는 배경
		기관차 묘지 −수문통 3	생각날 때마다 울었다, 문학과지성사, 2011.	수문통
		수문통 4	생각날 때마다 울었다, 문학과지성사, 2011.	수문통
		공원에서 쉬다 2	나는 이제 소멸에 대해서 이야기 하련다, 문학과지성사, 2014.	화교 기독교 교회
69(1)	박홍식	인천 성냥공장	꽃섬에서 부르는 노래, 삼정, 2003.	인천 성냥공장
70(1)	방민선	소래 포구	서정문학, 2014. 1.	소래 포구
71(1)	방우달	석모도	나는 아침마다 다림질된다, 리토피아, 2003.	강화 석모도
72(1)	방철호	소래 포구	그늘 아래 빈집, 띠앗, 2007.	소래 포구
73(2)	배선옥	아버지 · 2−꿈	회 떠 주는 여자, 시문학사, 2004.	인천시 문화회관
		전등사 · 1 −동문 오르는 길	회 떠 주는 여자, 시문학사, 2004.	강화 전등사
74(5)	배인철	인종선 −흑인 쫀슨에게	1946년판 조선시집, 아문각, 1947.	이 땅
		노예해안	독립신보, 1947. 1. 1.	흑인부대 (월미도)
		쪼 루이스에게	문화창조, 1947. 3.	흑인부대 (월미도)
		흑인부대	현대문학, 1963. 2.	흑인부대 (월미도)
		흑인녀	학산문학, 2002. 여름.	이 땅
75(15)	백서은	동인천 · 1	하루 안에 있는 그대, 자료원, 1998.	동인천
		동인천 · 2	하루 안에 있는 그대,	동인천

순번 (작품 수)	시인	작품명	수록지(시집)	소재 또는 배경
			자료원, 1998.	
		동인천·3	하루 안에 있는 그대, 자료원, 1998.	동인천
		동인천·4	하루 안에 있는 그대, 자료원, 1998.	동인천
		동인천·5	하루 안에 있는 그대, 자료원, 1998.	동인천
		동인천·6	하루 안에 있는 그대, 자료원, 1998.	동인천
		동인천·7	하루 안에 있는 그대, 자료원, 1998.	동인천
		동인천·8	하루 안에 있는 그대, 자료원, 1998.	동인천
		동인천·9	하루 안에 있는 그대, 자료원, 1998.	동인천
		동인천 10	하루 안에 있는 그대, 자료원, 1998.	동인천
		동인천·11	하루 안에 있는 그대, 자료원, 1998.	동인천
		동인천·12	하루 안에 있는 그대, 자료원, 1998.	동인천
		동인천 15	하루 안에 있는 그대, 자료원, 1998.	동인천
		인천항	하루 안에 있는 그대, 자료원, 1998.	인천항
		인천에서	하루 안에 있는 그대, 자료원, 1998.	인천
76(2)	변희경	해를 굽는 마을	꽃섬에서 부르는 노래,	우리 마을

순번 (작품 수)	시인	작품명	수록지(시집)	소재 또는 배경
			삼정, 2003.	
		시장통 사람들	꽃섬에서 부르는 노래, 삼정, 2003.	송현시장
77(1)	서상만	물텀벙	지도가 있는 시 속의 인천, 혜화당, 2009.	용현동 물텀벙
78(1)	손설향	신포동 · 3	학산문학, 2002. 여름.	신포동 백항아리집
79(6)	송서해	고호의 불빛	꽃이든 뼈든 돌이든, 글나무, 1986.	월미도
		용유도에서	작고 인천 문인 선집 · 1(시), 한국문인협회인천광역시지회, 2008.	용유도
		일요일	작고 인천 문인 선집 · 1(시), 한국문인협회인천광역시지회, 2008.	신포동
		인천	작고 인천 문인 선집 · 1(시), 한국문인협회인천광역시지회, 2008.	인천
		운수 좋은 날	작고 인천 문인 선집 · 1(시), 한국문인협회인천광역시지회, 2008.	만석동 등
		강다방	작고 인천 문인 선집 · 1(시), 한국문인협회인천광역시지회, 2008.	창영동
80(63)	송영욱	초지대교를 지나며	강화도, 한국문화사, 2009.	강화도
		시래기 밥집	강화도, 한국문화사, 2009.	강화도
		용두돈대의 밤바다	강화도, 한국문화사, 2009.	강화도

순번 (작품 수)	시인	작품명	수록지(시집)	소재 또는 배경
		강화도에서 만난 여인·1	강화도, 한국문화사, 2009.	강화도
		강화도의 사계	강화도, 한국문화사, 2009.	강화도
		강화도에서 만 난 여인·2	강화도, 한국문화사, 2009.	강화도
		외포리 선착장에서	강화도, 한국문화사, 2009.	강화도
		동검리 은하수	강화도, 한국문화사, 2009.	강화도
		정수사	강화도, 한국문화사, 2009.	강화도
		동막리의 아침	강화도, 한국문화사, 2009.	강화도
		배꽃 가득한 광성보	강화도, 한국문화사, 2009.	강화도
		애환 서린 전등사	강화도, 한국문화사, 2009.	강화도
		용두돈대	강화도, 한국문화사, 2009.	강화도
		강화도에서 만난 여인·3	강화도, 한국문화사, 2009.	강화도
		속노란 고구마	강화도, 한국문화사, 2009.	강화도
		아름다운 것들 ·1	강화도, 한국문화사, 2009.	강화도
		흑두부 집에서	강화도, 한국문화사, 2009.	강화도
		덕포진 교육박물관에서	강화도, 한국문화사, 2009.	강화도
		노을 속 동검리	강화도, 한국문화사, 2009.	강화도
		광성보에서	강화도, 한국문화사, 2009.	강화도

순번 (작품 수)	시인	작품명	수록지(시집)	소재 또는 배경
		강화도 순무	강화도, 한국문화사, 2009.	강화도
		적석사 애기똥풀	강화도, 한국문화사, 2009.	강화도
		아름다운 것들 ·2	강화도, 한국문화사, 2009.	강화도
		아름다운 것들 ·3	강화도, 한국문화사, 2009.	강화도
		대명포구	강화도, 한국문화사, 2009.	강화도
		낙조대	강화도, 한국문화사, 2009.	강화도
		영재 이건창 생가에서	강화도, 한국문화사, 2009.	강화도
		아름다운 것들 ·4	강화도, 한국문화사, 2009.	강화도
		초가삼간	강화도, 한국문화사, 2009.	강화도
		마니산을 오르며	강화도, 한국문화사, 2009.	강화도
		분오리돈대에 서서	강화도, 한국문화사, 2009.	강화도
		꿈길 속에 펜션	강화도, 한국문화사, 2009.	강화도
		석모도 가는 길	강화도, 한국문화사, 2009.	강화도
		보문사	강화도, 한국문화사, 2009.	강화도
		맨손으로 장어잡기 대회	강화도, 한국문화사, 2009.	강화도
		인삼막걸리와 순무김치	강화도, 한국문화사, 2009.	강화도
		동막리 해변	강화도, 한국문화사, 2009.	강화도
		바다산책의 회상	강화도, 한국문화사, 2009.	강화도

순번 (작품 수)	시인	작품명	수록지(시집)	소재 또는 배경
		광성 오리집에서	강화도, 한국문화사, 2009.	강화도
		백련사 오르는 길	강화도, 한국문화사, 2009.	강화도
		백련사에서 차를 마시며	강화도, 한국문화사, 2009.	강화도
		해거름의 덕포진	강화도, 한국문화사, 2009.	강화도
		세 걸음 속의 미움	강화도, 한국문화사, 2009.	강화도
		부용화를 보며	강화도, 한국문화사, 2009.	강화도
		고인돌 속의 남자	강화도, 한국문화사, 2009.	강화도
		비 오는 날의 화도산책	강화도, 한국문화사, 2009.	강화도
		내 생에 숨겨둔 고액 수표	강화도, 한국문화사, 2009.	강화도
		백련사 나목	강화도, 한국문화사, 2009.	강화도
		그날	강화도, 한국문화사, 2009.	강화도
		화도 속에 내리는 눈	강화도, 한국문화사, 2009.	강화도
		겨울아침 호숫가	강화도, 한국문화사, 2009.	강화도
		청련사 풍경소리	강화도, 한국문화사, 2009.	강화도
		강화도 샛별	강화도, 한국문화사, 2009.	강화도
		고려산 행궁 터 자목련	강화도, 한국문화사, 2009.	강화도
		강화도에서 만난 여인·4	강화도, 한국문화사, 2009.	강화도

순번 (작품 수)	시인	작품명	수록지(시집)	소재 또는 배경
		밴댕이 횟집에서	강화도, 한국문화사, 2009.	강화도
		고려산은 불타고 있는가	강화도, 한국문화사, 2009.	강화도
		본능	강화도, 한국문화사, 2009.	강화도
		강화도에서 만난 여인·5	강화도, 한국문화사, 2009.	강화도
		그대 빗물로 오라	강화도, 한국문화사, 2009.	강화도
		황산도	강화도, 한국문화사, 2009.	강화도
		겨울 화도 해바라기	강화도, 한국문화사, 2009.	강화도
		험허동천의 겨울바람	강화도, 한국문화사, 2009.	강화도
81(1)	송재학	소래바다는	푸른빛과 싸우다, 문학과지성사, 1994.	소래바다
82(1)	신중균	화도진 공원에서	꽃섬에서 부르는 노래, 삼정, 2003.	화도진 공원
83(14)	신현수	연안부두	처음처럼, 내일을여는책, 1994.	연안부두
		에스캄	이미혜, 내일을여는책, 1999.	에스캄 (해방 이후 현재 부평구 산곡동에 들어선 미8군 보급창)
		2001년 4월 10일, 인천	지도가 있는 시 속의 인천, 혜화당, 2009.	인천 내우자동차 앞
		에스캄 신정문 쪽으로 난 좌회 전 신호등	시간은 사랑이 지나가게 만든다더니, 이즘, 2009.	에스캄

순번 (작품 수)	시인	작품명	수록지(시집)	소재 또는 배경
		전등사에서	인천에 살기 위하여, 다인아트, 2014.	전등사
		서영남 수사님의 법어	인천에 살기 위하여, 다인아트, 2014.	민들레국수집, 시청, 시티은행 앞 건널목
		조봉암전	인천에 살기 위하여, 다인아트, 2014.	강화도, 인천
		팔공오칠	인천에 살기 위하여, 다인아트, 2014.	부평동 284 드림보홀
		희미한 옛 세월 의 그림자·7	인천에 살기 위하여, 다인아트, 2014.	신촌성결교회 앞집, 인천시 북 구 부평3동 284 번지(2통 5반)
		희미한 옛 세월 의 그림자·8 −신촌성결교회	인천에 살기 위하여, 다인아트, 2014.	신촌성결교회
		인천에 살기 위하여	인천에 살기 위하여, 다인아트, 2014.	인천
		세타베 군, 따루시카 디브안자리 양	인천에 살기 위하여, 다인아트, 2014.	인천
		너를 지킬 수 있을까?	인천에 살기 위하여, 다인아트, 2014.	꼭 지켜야 할 자 연유산(먹염바 다, 선단여, 연 평산 등)
		다시, 참교육의 함성으로	인천에 살기 위하여, 다인아트, 2014.	주안
84(11)	심종은	아름다운 서구 만들기	서곶나루(서곶벌문학 동인지) 2호, 2004.	서구

순번 (작품 수)	시인	작품명	수록지(시집)	소재 또는 배경
		인천의 향기	인천문단 35호, 2006.	인천의 향기
		서구에 오면 미래가 보인다	서곶나루 4호, 2006.	서구
		옛 친구	너를 사랑한 파도, 서정문학, 2008.	동인천 역전, 수 문통, 수도국산
		망둥어	너를 사랑한 파도, 서정문학, 2008.	영종도, 화수부두
		팔미도 등대	너를 사랑한 파도, 서정문학, 2008.	팔미도 등대
		소래 포구에 가면	너를 사랑한 파도, 서정문학, 2008.	소래 포구
		장수산	청라도(청라문학 동인지) 6호, 2009.	장수산
		사건 6	인천문단 40호, 2011.	연평도
		미추홀의 향연	청라문학 8호, 2011.	미추홀
		거목(巨木)	시인 소개작	계양산 자락 드리운 부평벌 뜨락
85(1)	안태근	부처산에서	꽃섬에서 부르는 노래, 삼정, 2003.	부처산
86(3)	엄태경	동막을 다녀온 뒤	그 집은 따뜻하다, 다인아트, 2003.	동막
		만석부두	그 집은 따뜻하다, 다인아트, 2003.	만석부두
		숭의동 비둘기	그 집은 따뜻하다, 다인아트, 2003.	숭의동
87(1)	오명선	풀등	오후를 견디는 법, 한국문연출판사, 2012.	풀등(인천 옹진 군의 바다,

순번 (작품 수)	시인	작품명	수록지(시집)	소재 또는 배경
				하루에 두 번 썰 물 때 드러나는 모래 등)
88(3)	오사라	송림동 똥고개	울림의 노래, 영언문화사, 2003.	송림동 똥고개
		송림동 샛골	울림의 노래, 영언문화사, 2003.	송림동 샛골
		월미도 예전 카페에서	울림의 노래, 영언문화사, 2003.	월미도 예전 카페
89(4)	오장환	해항도	성벽, 풍림사, 1937.	(인천) 바다
		향수	성벽, 풍림사, 1937.	(인천) 부두, 밀항선
		해수(海獸)	성벽, 풍림사, 1937.	(인천) 항구
		심동(深冬)	헌사, 남만서방, 1939.	(인천) 양관, 시냇가
90(1)	유인채	소래산에서	학산문학, 2002. 여름.	소래산
91(1)	유자효	소청도 근해	지도가 있는 시 속의 인천, 혜화당, 2009.	소청도 근해
92(2)	유정임	신기촌시장에 내린 비	작가들, 2004. 6.	신기촌시장
		월미산	작가들, 2004. 6.	월미산
93(2)	유종인	화문석	아껴 먹는 슬픔, 문학과지성사, 2001.	전등사
		소래포구에서1	지도가 있는 시 속의 인천, 혜화당, 2009.	소래포구
94(1)	윤강로	갈매기 소묘	사람마다 가슴에 바람이 분다, 엠아이지, 2005.	강화도 포구
95(1)	윤부현	경인합승	꽃과 여인과 나목, 모음사, 1965.	경인합승
96(1)	윤제림	소래	협궤열차에의 추억, 한국 문인협회 인천광역시지회, 1996.	소래

순번 (작품 수)	시인	작품명	수록지(시집)	소재 또는 배경
97(1)	윤희상	고인돌과 함께 놀았다	고인돌과 함께 놀았다, 문학동네, 2000.	강화도 고인돌
98(8)	이가림	콩돌 기슭에서	지도가 있는 시 속의 인천, 혜화당, 2009.	백령도 콩돌 기슭
		밴댕이를 먹으며	바람개비 별, 시학, 2011.	하인천 역 앞 북성동 언덕길 수원집
		파도리 고 씨의 팻말 읽기	바람개비 별, 시학, 2011.	인천 용현동 물텀벙이집
		소금창고가 있는 풍경	바람개비 별, 시학, 2011.	갯벌 생태공원
		장자와 짬뽕을 먹다	바람개비 별, 시학, 2011.	인천 차이나타 운 풍미
		동막동 저어새	바람개비 별, 시학, 2011.	동막동
		사잇잠	바람개비 별, 시학, 2011.	신포시장
		배꼽산	바람개비 별, 시학, 2011.	배꼽산
99(1)	이경림	덜컹덜컹	지도가 있는 시 속의 인천, 혜화당, 2009.	송도역
100(2)	이경자	아름다운 인천	사랑은 영원히, 다인미디어, 2003.	인천
		닭집 둘째 딸	사랑은 영원히, 다인미디어, 2003.	문학산, 청량산, 서해
101(1)	이교상	갈매기 노래방 -소래포구-	지도가 있는 시 속의 인천, 혜화당, 2009.	소래포구 갈매기 노래방
102(1)	이근배	꽃섬에서 부르는 노래	꽃섬에서 부르는 노래, 삼정, 2003.	동구 꽃섬
103(5)	이기인	ㅎ방직공장의	알쏭달쏭 소녀백과사전,	학익동 한일방직

순번 (작품 수)	시인	작품명	수록지(시집)	소재 또는 배경
		소녀들	창비, 2005.	(ㅎ방직공장)
		달의 근육	알쏭달쏭 소녀백과사전, 창비, 2005.	학익동
		물의 뚜껑	알쏭달쏭 소녀백과사전, 창비, 2005.	학익동 소년 교도소(소년원)
		학	알쏭달쏭 소녀백과사전, 창비, 2005.	학익동
		제비	알쏭달쏭 소녀백과사전, 창비, 2005.	학익동
104(1)	이남숙	성냥공장을 보았니	꽃섬에서 부르는 노래, 삼정, 2003.	성냥공장
105(3)	이대영	강화도 나그네	학산문학, 2002. 여름.	강화도
		인천동구송시 (仁川東區誦詩) (1)	꽃섬에서 부르는 노래, 삼정, 2003.	동구
		인천동구송시 (仁川東區誦詩) (2)	꽃섬에서 부르는 노래, 삼정, 2003.	동구
106(1)	이도윤	손감자	지도가 있는 시 속의 인천, 혜화당, 2009.	백령도 해병
107(1)	이병창	송현샘 교회	꽃섬에서 부르는 노래, 삼정, 2003.	송현샘 교회
108(8)	이병춘	봄의 문턱에서	서울에 뜨는 무지개가 보고 싶다, 한줄기, 1996.	송도 앞바다
		청량산에 내가 사오	살만한 세상, 해맞이미디어, 2011.	청량산
		월미도는 꽃 섬이다	살만한 세상, 해맞이미디어, 2011.	월미도

순번 (작품 수)	시인	작품명	수록지(시집)	소재 또는 배경
		자유공원	살만한 세상, 해맞이미디어, 2011.	자유공원
		아, 연평도여!	살만한 세상, 해맞이미디어, 2011.	연평도
		시월의 청량산	살만한 세상, 해맞이미디어, 2011.	청량산
		바다낚시 -대청도에서	살만한 세상, 해맞이미디어, 2011.	대청도
		미추홀에 핀 난 꽃	살만한 세상, 해맞이미디어, 2011.	미추홀
109(1)	이복영	연안부두	인천문인대표작선집(1), 한국문협인천지부, 1993.	연안부두
110(1)	이상범	외포리 일원	신전의 가을, 동학사, 2000.	강화 외포리
111(4)	이석인	어부림의 연가·4	학산문학, 2002. 여름.	인천교 부근
		송림의 학소리	꽃섬에서 부르는 노래, 삼정, 2003.	송림동 학 할아버지
		나무 생각	작고 인천 문인 선집·1(시), 한국문인협회인천광역시지회, 2008.	황굴고개
		신포동 일기	지도가 있는 시 속의 인천, 혜화당, 2009.	신포동
112(1)	이설야	밥 -화평동 연가1	꽃섬에서 부르는 노래, 삼정, 2003.	화평동
113(1)	이성률	계양산을 오르며	나는 한 평 남짓의 지구 세입자, 리토피아, 2006.	계양산
114(32)	이세기	먹염바다	먹염바다, 실천문학사, 2005.	먹염바다(묵도, 문갑도 가까이 있는 무인도)

순번 (작품 수)	시인	작품명	수록지(시집)	소재 또는 배경
		고향에 와서	먹염바다, 실천문학사, 2005.	섬(문갑도)
		만수호(주, 덕적 도와 문갑도를 오가는 간선)	먹염바다, 실천문학사, 2005.	먹염바다
		한월리에 가서 1	먹염바다, 실천문학사, 2005.	한월리
		실버스타호	먹염바다, 실천문학사, 2005.	실버스타호(연 평도행 여객선)
		당섬근방	먹염바다, 실천문학사, 2005.	당섬근방
		연평도에서	먹염바다, 실천문학사, 2005.	연평도
		귀화 이야기	먹염바다, 실천문학사, 2005.	대청도 부둣가 엄지다방
		대청바다	먹염바다, 실천문학사, 2005.	대청바다
		소청도	먹염바다, 실천문학사, 2005.	소청도
		오지	먹염바다, 실천문학사, 2005.	백령도 여객선 대합실
		백령도에서	먹염바다, 실천문학사, 2005.	백령도
		옹진 기행	먹염바다, 실천문학사, 2005.	옹진
		옹진여인숙	먹염바다, 실천문학사, 2005.	옹진여인숙
		다시 백령도에서	먹염바다, 실천문학사, 2005.	백령도
		소야도 첫눈	먹염바다, 실천문학사, 2005.	소야도
		소야도	먹염바다, 실천문학사, 2005.	소야도
		한월리에 가서 2	먹염바다, 실천문학사, 2005.	한월리
		화수동	먹염바다, 실천문학사, 2005.	화수동
		동막에서	먹염바다, 실천문학사, 2005.	동막

순번 (작품 수)	시인	작품명	수록지(시집)	소재 또는 배경
		대청도를 지나며	언손, 창비, 2010.	대청도
		화수부두	언손, 창비, 2010.	화수부두
		섬으로 떠나는 셋째형을 배웅하며	언손, 창비, 2010.	덕적행 대합실
		북성부두	언손, 창비, 2010.	북성부두
		가좌동	언손, 창비, 2010.	가좌동
		이작행	언손, 창비, 2010.	이작행 완행 철부선 여객실
		교동에서	언손, 창비, 2010.	교동
		어선 춘덕호	언손, 창비, 2010.	백아도
		굴업도	언손, 창비, 2010.	굴업도
		덕적군도	언손, 창비, 2010.	덕적군도
		소랫길	언손, 창비, 2010.	소랫길
		굴막집	언손, 창비, 2010.	만석부두께, 굴막집
115(3)	이영유	소래장터 -개구리가 찾아 가는 올챙이의 나라	인천문인대표작선집(1), 한국문협인천지부, 1993.	소래장터
		배추	지도가 있는 시 속의 인천, 혜화당, 2009.	송도 동춘동
		나는 암이다 2	인천문학상수상작품집, 한국 문인협회인천광역시지회, 2013.	주안 인천 사랑병원
116(1)	이은봉	석모도의 저녁	지도가 있는 시 속의 인천, 혜화당, 2009.	강화 석모도
117(2)	이인석	만국공원	종이집과 하늘, 태성사, 1961.	만국공원

순번 (작품 수)	시인	작품명	수록지(시집)	소재 또는 배경
		문학산 근처	학산문학, 2002. 여름.	문학산 근처
118(91)	이종복	파시	신도 포기한 동네에서 아침을, 다인아트, 2002.	신포 시장
		추씨 아주머니	신도 포기한 동네에서 아침을, 다인아트, 2002.	신포 시장
		신포동에서 살아간다는 거	신도 포기한 동네에서 아침을, 다인아트, 2002.	신포동
		콩나물과 장미	신도 포기한 동네에서 아침을, 다인아트, 2002.	신포동 시장
		신포동에서 아침을 · 1	신도 포기한 동네에서 아침을, 다인아트, 2002.	신포동
		신포동에서 아침을 · 2	신도 포기한 동네에서 아침을, 다인아트, 2002.	(신포동) 시장 뒷골목
		신포동에서 아침을 · 3	신도 포기한 동네에서 아침을, 다인아트, 2002.	신포동
		중복, 어물전에서	신도 포기한 동네에서 아침을, 다인아트, 2002.	(신포동) 어물전
		공갈빵을 아시나요?	신도 포기한 동네에서 아침을, 다인아트, 2002.	(신포동)
		신포동의 나무	신도 포기한 동네에서 아침을, 다인아트, 2002.	신포동
		송편	신도 포기한 동네에서 아침을, 다인아트, 2002.	신포동
		개미	신도 포기한 동네에서 아침을, 다인아트, 2002.	(신포동) 떡 방앗간
		정관	신도 포기한 동네에서 아침을, 다인아트, 2002.	(신포동)
		입동회유	신도 포기한 동네에서 아침을,	(신포동)

순번 (작품 수)	시인	작품명	수록지(시집)	소재 또는 배경
			다인아트, 2002.	
		개 같은 삶	신도 포기한 동네에서 아침을, 다인아트, 2002.	신포동
		환절기	신도 포기한 동네에서 아침을, 다인아트, 2002.	신포동
		추석 대목	신도 포기한 동네에서 아침을, 다인아트, 2002.	(신포 시장)
		신포주점 골목	신도 포기한 동네에서 아침을, 다인아트, 2002.	신포동
		붉은 팥	신도 포기한 동네에서 아침을, 다인아트, 2002.	(신포 시장)
		E-mart는 신축 중	신도 포기한 동네에서 아침을, 다인아트, 2002.	신흥동
		겨울 안개	신도 포기한 동네에서 아침을, 다인아트, 2002.	(신흥동)
		순대	신도 포기한 동네에서 아침을, 다인아트, 2002.	(신포 시장)
		신포동 사람	신도 포기한 동네에서 아침을, 다인아트, 2002.	신포동
		월미도	신도 포기한 동네에서 아침을, 다인아트, 2002.	월미도
		월미도·1	신도 포기한 동네에서 아침을, 다인아트, 2002.	월미도
		월미도·2	신도 포기한 동네에서 아침을, 다인아트, 2002.	월미도
		월미도·3	신도 포기한 동네에서 아침을, 다인아트, 2002.	월미도
		용궁사	신도 포기한 동네에서 아침을,	영종도 용궁사

순번 (작품 수)	시인	작품명	수록지(시집)	소재 또는 배경
		느티나무	다인아트, 2002.	
		연안부두에서	신도 포기한 동네에서 아침을, 다인아트, 2002.	연안부두
		황해낙조	신도 포기한 동네에서 아침을, 다인아트, 2002.	월미도 앞 바다
		염전	신도 포기한 동네에서 아침을, 다인아트, 2002.	영종도 국제공항
		작약도	신도 포기한 동네에서 아침을, 다인아트, 2002.	작약도
		황해 배연신굿	신도 포기한 동네에서 아침을, 다인아트, 2002.	연안부두
		팔미도 등대	신도 포기한 동네에서 아침을, 다인아트, 2002.	팔미도
		동인천역 앞에서	신도 포기한 동네에서 아침을, 다인아트, 2002.	동인천역
		아침 산책	신도 포기한 동네에서 아침을, 다인아트, 2002.	만국공원
		청관에서	신도 포기한 동네에서 아침을, 다인아트, 2002.	중국인 마을
		옐로우 하우스 삼거리	신도 포기한 동네에서 아침을, 다인아트, 2002.	숭•의동 삼거리
		카페 바그다드 를 지나며	신도 포기한 동네에서 아침을, 다인아트, 2002.	(중구 중앙동)
		수문통 거리에서	신도 포기한 동네에서 아침을, 다인아트, 2002.	수문통 거리
		공회당 터에서	신도 포기한 동네에서 아침을, 다인아트, 2002.	공회당 터

순번 (작품 수)	시인	작품명	수록지(시집)	소재 또는 배경
		율목동 25번지	신도 포기한 동네에서 아침을, 다인아트, 2002.	율목동 25번지 (송암 박두성 선생 본가)
		문학 경기장 조성지에서	신도 포기한 동네에서 아침을, 다인아트, 2002.	문학 경기장 조성지
		청량산에 오르며	신도 포기한 동네에서 아침을, 다인아트, 2002.	청량산
		협궤열차에 대한 추억	신도 포기한 동네에서 아침을, 다인아트, 2002.	소래 포구
		만사형통	신도 포기한 동네에서 아침을, 다인아트, 2002.	구월동
		변주를 주제로 한 삶에 대하여	신도 포기한 동네에서 아침을, 다인아트, 2002.	인천
		하얀 숯	신도 포기한 동네에서 아침을, 다인아트, 2002.	(신포동) 일미향
		그런 사람 -박정희 할머니	신도 포기한 동네에서 아침을, 다인아트, 2002.	(화평동)
		가을 하늘	신도 포기한 동네에서 아침을, 다인아트, 2002.	만국공원 광장
		우림일기·1	신도 포기한 동네에서 아침을, 다인아트, 2002.	인천항 국제 여 객 터미널, 자 유공원 연오정
		우림일기·2	신도 포기한 동네에서 아침을, 다인아트, 2002.	신포동 골목, 내 동 거리, 홍예 문, 중국인 마을
		여름의 환	신도 포기한 동네에서 아침을, 다인아트, 2002.	소월미도와 월미도 사이 바다, 신포동

순번 (작품 수)	시인	작품명	수록지(시집)	소재 또는 배경
		가을편지	신도 포기한 동네에서 아침을, 다인아트, 2002.	자유공원
		성묘	신도 포기한 동네에서 아침을, 다인아트, 2002.	백석산 천주교 공동묘지
		가을 타기	신도 포기한 동네에서 아침을, 다인아트, 2002.	답동, 신흥동
		유년의 가을	신도 포기한 동네에서 아침을, 다인아트, 2002.	신흥 초등학교
		태풍 모라꼿 1	신포동, 그 낯익음에 대한 낯설음, 다인아트, 2009.	월미도 앞 바다
		아이스께끼 구루마를 보면서	신포동, 그 낯익음에 대한 낯설음, 다인아트, 2009.	만국공원 혈문
		무시루떡	신포동, 그 낯익음에 대한 낯설음, 다인아트, 2009.	연수동, 문학산 산자락이 도시와 만나는 경계
		작은 솟을 문	신포동, 그 낯익음에 대한 낯설음, 다인아트, 2009.	신포동 주차장 설립 예정지
		제왕의 즉위식	신포동, 그 낯익음에 대한 낯설음, 다인아트, 2009.	구월동 버스 터미널
		청량산에서	신포동, 그 낯익음에 대한 낯설음, 다인아트, 2009.	청량산
		친구	신포동, 그 낯익음에 대한 낯설음, 다인아트, 2009.	인천
		당귀 꽃에 물을 주다	신포동, 그 낯익음에 대한 낯설음, 다인아트, 2009.	신포동

순번 (작품 수)	시인	작품명	수록지(시집)	소재 또는 배경
		따뜻한 공백 1 -대불호텔-	신포동, 그 낯익음에 대한 낯설음, 다인아트, 2009.	(신포동) 대불 호텔, 중화루
		태풍 모라꼿 3	신포동, 그 낯익음에 대한 낯설음, 다인아트, 2009.	송림동 우체국 앞
		방물장수	신포동, 그 낯익음에 대한 낯설음, 다인아트, 2009.	만석동 굴다리 아래
		벌초	신포동, 그 낯익음에 대한 낯설음, 다인아트, 2009.	백석 천주교 묘지
		설날 큰 형님의 전화를 받는다	신포동, 그 낯익음에 대한 낯설음, 다인아트, 2009.	(신포동) 방앗간
		신발 두 컬레	신포동, 그 낯익음에 대한 낯설음, 다인아트, 2009.	답동성당 앞마당
		입춘대길	신포동, 그 낯익음에 대한 낯설음, 다인아트, 2009.	송림동 재개발지구
		중국집을 지나며	신포동, 그 낯익음에 대한 낯설음, 다인아트, 2009.	인천
		흐르는 물	신포동, 그 낯익음에 대한 낯설음, 다인아트, 2009.	(관동) 흐르는 물
		그녀 1	신포동, 그 낯익음에 대한 낯설음, 다인아트, 2009.	신포시장 뒷골목
		무네미	신포동, 그 낯익음에 대한 낯설음, 다인아트, 2009.	무네미(화수동)
		악성코드 # 1980. 69다방	신포동, 그 낯익음에 대한 낯설음, 다인아트, 2009.	신포동 69 다방, 내동 거리, 답동성당 마당
		오래된 우물	신포동, 그 낯익음에 대한 낯설음, 다인아트, 2009.	송월동
		의장지 골목에서	신포동, 그 낯익음에 대한 낯설음, 다인아트, 2009.	의장지 골목

순번 (작품 수)	시인	작품명	수록지(시집)	소재 또는 배경
		여름 자월도에서	신포동, 그 낯익음에 대한 낯설음, 다인아트, 2009.	자월도
		송림동 재개발지구	신포동, 그 낯익음에 대한 낯설음, 다인아트, 2009.	송림동 재개발지구
		향지여관 앞을 지나며	신포동, 그 낯익음에 대한 낯설음, 다인아트, 2009.	향지여관
		부−루 나이또 요코하마	신포동, 그 낯익음에 대한 낯설음, 다인아트, 2009.	인천 바다
		악성코드 # 287. 답동성당	신포동, 그 낯익음에 대한 낯설음, 다인아트, 2009.	답동성당
		나는 영근이 형 을 잘 알지 못 한다	신포동, 그 낯익음에 대한 낯설음, 다인아트, 2009.	신포동
		욕쟁이 할멈	신포동, 그 낯익음에 대한 낯설음, 다인아트, 2009.	신포동 시장
		동인천역 뒤 폐허에서	신포동, 그 낯익음에 대한 낯설음, 다인아트, 2009.	동인천역 뒤 폐허
		활터고개	신포동, 그 낯익음에 대한 낯설음, 다인아트, 2009.	활터고개 (송림동 5번지)
		악성코드 # 1888. 앵화	신포동, 그 낯익음에 대한 낯설음, 다인아트, 2009.	만국공원 벚꽃 길
		월아천 보신탕집에서	신포동, 그 낯익음에 대한 낯설음, 다인아트, 2009.	신포동, 월아천 보신탕집
		일인시위	신포동, 그 낯익음에 대한 낯설음, 다인아트, 2009.	시청 앞
119(1)	이창기	수인선 철도	협궤열차에의 추억, 한국문인 협회 인천광역시지회, 1996.	수인선 철도
120(4)	이태희	월미도	오래 익은 사랑, 포엠토피아, 2001.	월미도

순번 (작품 수)	시인	작품명	수록지(시집)	소재 또는 배경
		작약도에서	오래 익은 사랑, 포엠토피아, 2001.	작약도
		그 해 인천에서	오래 익은 사랑, 포엠토피아, 2001.	인천
		제물포	오래 익은 사랑, 포엠토피아, 2001.	제물포
121(1)	이혜란	김옥균	네 작은 손에 핀 내 눈물꽃, 서해, 1993.	제물포
122(3)	이효윤	경서동 겨울 들판에서	빈집, 밝은책, 1990.	경서동 겨울 들판
		월미도에서	빈집, 밝은책, 1990.	월미도
		채성병 시인에게	빈집, 밝은책, 1990.	인천 시인
123(2)	이희란	만석동네	꽃섬에서 부르는 노래, 삼정, 2003.	만석동네
		송현 마루에서	꽃섬에서 부르는 노래, 삼정, 2003.	송현 마루 (수도국산 마루)
124(3)	임노순	소래 이야기 1	인천문학상수상작품집, 한국 문인협회인천광역시지회, 2013.	소래
		소래 이야기 2	인천문학상수상작품집, 한국 문인협회인천광역시지회, 2013.	소래
		시장에 나온 봄	인천문학상수상작품집, 한국 문인협회인천광역시지회, 2013.	석바위 시장
125(1)	임동윤	새우	지도가 있는 시 속의 인천, 혜화당, 2009.	소래포구
126(3)	임봉주	월미도	지상에서 꿈꾸는 천상, 인화, 1998.	월미도

순번 (작품 수)	시인	작품명	수록지(시집)	소재 또는 배경
		용유도	지상에서 꿈꾸는 천상, 인화, 1998.	용유도
		영종도는 없다	꽃화살 바람의 춤, 시학, 2008.	영종도
127(7)	임선기	강화도 어느 조 용한 보리밭 꽃 사과나무	호주머니 속의 시, 문학과지성사, 2006.	강화도 어느 조용한 보리밭
		창영동	꽃과 꽃이 흔들린다, 중앙북스, 2012.	창영동
		월미도	꽃과 꽃이 흔들린다, 중앙북스, 2012.	월미도
		월미도에서	꽃과 꽃이 흔들린다, 중앙북스, 2012.	월미도
		을왕리 시	항구에 내리는 겨울 소식, 문학동네, 2014.	을왕리
		석모도에서	항구에 내리는 겨울 소식, 문학동네, 2014.	석모도
		인천	항구에 내리는 겨울 소식, 문학동네, 2014.	인천
128(1)	임평모	눈나리는 소래 포구	인천문인대표작선집(1), 한국문협인천지부, 1993.	소래포구
129(1)	임호권	검은 슬픔 -고 배인철에게	황해문화, 1996. 겨울.	흑인부대 (월미도)
130(14)	장석남	소래라는 곳	새떼들에게로의 망명, 문학과지성사, 1991.	소래
		덕적도 시	새떼들에게로의 망명, 문학과지성사, 1991.	덕적도
		한진여	지금은 간신히 아무도 그립지 않을 무렵, 문학과지성사, 1995.	한진여

순번 (작품 수)	시인	작품명	수록지(시집)	소재 또는 배경
		돌의 얼굴 - 하나	지금은 간신히 아무도 그립지 않을 무렵, 문학과지성사, 1995.	홍예문
		돌의 얼굴 - 둘	지금은 간신히 아무도 그립지 않을 무렵, 문학과지성사, 1995.	홍예문
		2월 산책 편	지금은 간신히 아무도 그립지 않을 무렵, 문학과지성사, 1995.	만국공원
		버스 정류장 옆 송월전파사	지금은 간신히 아무도 그립지 않을 무렵, 문학과지성사, 1995.	송월전파사
		송학동 1	지금은 간신히 아무도 그립지 않을 무렵, 문학과지성사, 1995.	송학동
		송학동 2	지금은 간신히 아무도 그립지 않을 무렵, 문학과지성사, 1995.	송학동
		송학동 3 -김종삼 부음	지금은 간신히 아무도 그립지 않을 무렵, 문학과지성사, 1995.	송학동
		오동나무가 있던 집의 기록·1	젖은 눈, 문학동네, 2009.	도화2동
		오동나무가 있던 집의 기록·2	젖은 눈, 문학동네, 2009.	도화2동
		답동 싸리재 어떤 목련나무 아래서	젖은 눈, 문학동네, 2009.	답동
		독강에서	고요는 도망가지 말아라, 문학동네, 2012.	덕적 독강 부두
131(14)	장종권	숭의동1	누군가 나의 방문을 두드리고 갔습니다, 인화, 1991.	숭의동
		숭의동2	누군가 나의 방문을 두드리고 갔습니다, 인화, 1991.	숭의동
		숭의동3	누군가 나의 방문을 두드리고 갔습니다, 인화, 1991.	숭의동

순번 (작품 수)	시인	작품명	수록지(시집)	소재 또는 배경
		숭의동4	누군가 나의 방문을 두드리고 갔습니다, 인화, 1991.	숭의동
		숭의동5	누군가 나의 방문을 두드리고 갔습니다, 인화, 1991.	송도
		숭의동 일기	누군가 나의 방문을 두드리고 갔습니다, 인화, 1991.	숭의동
		히히깔깔	누군가 나의 방문을 두드리고 갔습니다, 인화, 1991.	숭의동 109번지
		소래포구	누군가 나의 방문을 두드리고 갔습니다, 인화, 1991.	소래포구
		인천 아리랑	누군가 나의 방문을 두드리고 갔습니다, 인화, 1991.	인천
		문학산 봉수대	가끔가끔 묻고 싶은 말, 인화, 1993.	문학산 봉수대
		월미도의 보름달	가끔가끔 묻고 싶은 말, 인화, 1993.	월미도의 보름달
		능허대	가끔가끔 묻고 싶은 말, 인화, 1993.	능허대
		억새풀이 어둠 속에	가끔가끔 묻고 싶은 말, 인화, 1993.	문학산 기슭
		마산포에서	꽃이 그냥 꽃인 날에, 리토피아, 2005.	영종도, 인천
132(2)	장현기	염전 길에서	꽃섬에서 부르는 노래, 삼정, 2003.	주안 염전자리
		사향(思鄕)(3) -인천찬가	꽃섬에서 부르는 노래, 삼정, 2003.	인천
133(1)	전병호	작약도	꽃섬에서 부르는 노래, 삼정, 2003.	작약도

순번 (작품 수)	시인	작품명	수록지(시집)	소재 또는 배경
134(24)	정경해	선로위 라이브 가수	선로위 라이브 가수, 문학의전당, 2007.	인천역
		구월동 인쇄소	선로위 라이브 가수, 문학의전당, 2007.	구월동
		자유공원에서	선로위 라이브 가수, 문학의전당, 2007.	자유공원
		소래 포구	선로위 라이브 가수, 문학의전당, 2007.	소래 포구
		외포리에서	선로위 라이브 가수, 문학의전당, 2007.	외포리
		인천 31 -북성동	미추홀연가, 문학의전당, 2012.	북성동
		인천 32 -송현동	미추홀연가, 문학의전당, 2012.	송현동
		인천 35 -괭이부리마을	미추홀연가, 문학의전당, 2012.	괭이부리마을
		인천 40-만석동 성냥공장	미추홀연가, 문학의전당, 2012.	만석동 성냥공장
		인천 41 -화평동	미추홀연가, 문학의전당, 2012.	화평동
		인천 42 -소래염전	미추홀연가, 문학의전당, 2012.	소래염전
		인천 43 -숭의동	미추홀연가, 문학의전당, 2012.	숭의동
		인천 44 -세숫대야 냉면	미추홀연가, 문학의전당, 2012.	(화평동) 세숫대야 냉면
		인천 45 -소래포구 꽃게	미추홀연가, 문학의전당, 2012.	소래포구 꽃게

순번 (작품 수)	시인	작품명	수록지(시집)	소재 또는 배경
		인천 46 -월미도	미추홀연가, 문학의전당, 2012.	월미도
		인천 47 -팔미도 등대	미추홀연가, 문학의전당, 2012.	팔미도 등대
		인천 48 -송도국제도시	미추홀연가, 문학의전당, 2012.	송도국제도시
		인천 49 -화수 부두 할머니	미추홀연가, 문학의전당, 2012.	화수부두 할머니
		인천 52 -배다리	미추홀연가, 문학의전당, 2012.	배다리
		인천 55 -만수 동 향촌지구	미추홀연가, 문학의전당, 2012.	만수동 향촌지구
		황사	미추홀연가, 문학의전당, 2012.	공단 건너 송도국제도시
		산오징어	미추홀연가, 문학의전당, 2012.	산곡2동 경남아파트 입구
		길	미추홀연가, 문학의전당, 2012.	부평시립묘지 입구 두 갈래 길
		가을 소묘	미추홀연가, 문학의전당, 2012.	부평우체국 앞
135(3)	정민나	굴업도	꿈꾸는 애벌레, 배꼽마당, 2003.	굴업도
		서포리 소나무	꿈꾸는 애벌레, 배꼽마당, 2003.	서포리
		월미산	꿈꾸는 애벌레, 배꼽마당, 2003.	월미산 소나무
136(16)	정세훈	남동공단에서	손 하나로 아름다운 당신, 은혜의말씀사, 1989.	남동공단
		남동공단	손 하나로 아름다운 당신,	남동공단

순번 (작품 수)	시인	작품명	수록지(시집)	소재 또는 배경
		0브룩 0룻트	은혜의말씀사, 1989.	
		소래포구	맑은 하늘을 보면, 창작과비평사, 1990	소래포구
		공단마을 1 -일기예보	맑은 하늘을 보면, 창작과비평사, 1990	공단마을
		내가 아니었더라면	저 별을 버리지 말아야지, 하늘땅, 1992.	연안부두
		화도진 고갯길	내가 당신 사랑하는 까닭은 당신 이 지금 나를 사랑하기 때문입니 다, 인화, 1993.	화도진 고갯길
		청명한 날	그 옛날 별들이 생각났다, 내일을 여는 책, 1998.	청천천 복개 공사 구역
		송씨의 리어카	꽃섬에서 부르는 노래, 삼정, 2003.	송림 시장통
		송림 시장통	꽃섬에서 부르는 노래, 삼정, 2003.	송림 시장통
		실패한 노동 -그가 살아 거기에 있더라	나는 죽어 저 하늘에 뿌려지지 말아라, 시평사, 2006.	소래포구
		새벽 세 시쯤	나는 죽어 저 하늘에 뿌려지지 말아라, 시평사, 2006.	부평구 부평1동 대림아파트
		섣달	나는 죽어 저 하늘에 뿌려지지 말아라, 시평사, 2006.	부평로 노점
		부평 4공단 여공	부평 4공단 여공, 푸른사상, 2012.	부평 4공단 (여공)
		시가 울 듯 울었다	부평 4공단 여공, 푸른사상, 2012.	GM대우 부평 공장 정문 앞

순번 (작품 수)	시인	작품명	수록지(시집)	소재 또는 배경
		고향을 떠나오듯	부평 4공단 여공, 푸른사상, 2012.	4공단 주변 부평 땅
		허허벌판 울타리	황해문화, 2013. 여름.	부평 콜트공장
137(2)	정지용	뻣나무 열매	조선지광, 1927. 5.	강화도
		오월 소식	조선지광, 1927. 6.	(강화도) 외따른 섬
138(2)	정충화	작약도	누군가의 배후, 문학의전당, 2013.	작약도
		그들의 제의 (祭儀)	누군가의 배후, 문학의전당, 2013.	십리포
139(1)	정평림	갑곶돈대 탱자나무	지도가 있는 시 속의 인천, 혜화당, 2009.	강화, 갑곶돈대
140(1)	정호승	덕적도	눈물이 나면 기차를 타라, 창작과비평사, 1999.	덕적도
141(1)	정희성	몽유백령도 (夢遊白翎圖)	돌아다보면 문득, 창비, 2008.	백령도
142(7)	조병화	추억	버리고 싶은 유산, 산호장, 1949.	(인천) 바다
		영종도	버리고 싶은 유산, 산호장, 1949.	영종도
		인천항	하루만의 위안, 산호장, 1950.	인천항
		팔랑버들	인간고도, 산호장, 1954.	박물관, 인천각, 인천만
		인천의 서야	인간고도, 산호장, 1954.	인천
		서울 인천을 두고	어머니, 중앙출판공사, 1973.	인천 부두
		안개로 가는 길 -경인 하이웨이에서	안개로 가는 길, 1981, 일지사.	경인 하이웨이

순번 (작품 수)	시인	작품명	수록지(시집)	소재 또는 배경
143(5)	조영숙	부평 향교를 나오며	흐르는 것은 네가 아니다, 다인아트, 1997.	부평 향교
		낙조	내 안에 나 하나 내려놓는다, 다인아트, 2001.	영종도 을왕리
		볼음도 아이들	아름다운 섬 이야기, 다인아트, 2001.	볼음도
		나보다 먼저	아름다운 섬 이야기, 다인아트, 2001.	인천
		이처럼 다를까	아름다운 섬 이야기, 다인아트, 2001.	강화 앞 바다, 마니산
144(1)	조오현	인천만 낙조	아득한 성자, 시학, 2007.	인천만 낙조
145(5)	조우성	인천	시인 소개작	인천
		밤나무골	시인 소개작	밤나무골
		라디오	시인 소개작	싸리재 전파상
		팔미도	시인 소개작	팔미도
		수봉산에서	시인 소개작	수봉산
146(5)	조혜영	송림동 사람들 ·3-절집	꽃섬에서 부르는 노래, 삼정, 2003.	송림동 사람들
		송림동 사람들 ·1-개똥	검지에 핀 꽃, 삶이 보이는 창, 2005.	송림동 사람들
		송림동 사람들 ·2-빨래	검지에 핀 꽃, 삶이 보이는 창, 2005.	송림동 사람들
		언덕 위의 그 방	검지에 핀 꽃, 삶이 보이는 창, 2005.	송림4동
		5공단을 지나며	검지에 핀 꽃, 삶이 보이는 창, 2005.	5공단
147(11)	채성병	인생 또는 날개	별을 찾아서, 참꼴, 1989.	석바위시장

순번 (작품 수)	시인	작품명	수록지(시집)	소재 또는 배경
		백항아리집	별을 찾아서, 참꼴, 1989.	신포동
		작은 거인들	별을 찾아서, 참꼴, 1989.	주안
		월미도	별을 찾아서, 참꼴, 1989.	월미도
		평화	별을 찾아서, 참꼴, 1989.	소래
		겨울 백석에서	녹슨 단추가 달린 주머니 속의 시, 나남, 1989.	백석
		서곶 근처	녹슨 단추가 달린 주머니 속의 시, 나남, 1989.	서곶 근처
		원목들	녹슨 단추가 달린 주머니 속의 시, 나남, 1989.	연안부두 원목 하치장
		연안부두 가는 길	연안부두 가는 길, 책나무, 1994.	연안부두 가는 길
		무서운 봄	협궤열차에의 추억, 한국문인협회 인천광역시지회, 1996.	송도 청량산, 월미도 앞바다, 영종도
		섬	인천문학상수상작품집, 한국문인 협회 인천광역시지회, 2013.	항동 연안아파트
148(5)	천금순	겨울 작약도	두물머리에서, 배꼽마당, 2003.	작약도
		바다의 날 축제	두물머리에서, 배꼽마당, 2003.	연안부두
		석정루에 올라	두물머리에서, 배꼽마당, 2003.	자유공원 석정루
		용유에서	두물머리에서, 배꼽마당, 2003.	용유
		인천문학경기장에서-자원봉사를 마치고	두물머리에서, 배꼽마당, 2003.	문학경기장
149(1)	최경보	작약도	꽃섬에서 부르는 노래, 삼정, 2003.	작약도
150(2)	최경섭	바다	종소리 들으며, 광화, 1983.	바다

순번 (작품 수)	시인	작품명	수록지(시집)	소재 또는 배경
		작약도	작고 인천 문인 선집·1(시), 한국문인협회인천광역시지회, 2008.	작약도
151(1)	최두석	인천 자유공원 에서	성에꽃, 문학과지성사, 1995.	자유공원
152(5)	최무영	경인선·8	인천문인대표작선집(1), 한국문협인천지부, 1993.	경인선
		영상·5	인천문인대표작선집(1), 한국문협인천지부, 1993.	소래포구
		여름엽서(葉書)	꽃섬에서 부르는 노래, 삼정, 2003.	인천교
		안송림을 지나며	꽃섬에서 부르는 노래, 삼정, 2003.	송림(안송림)
		방문기	작고 인천 문인 선집·1(시), 한국문인협회인천광역시지회, 2008.	도원동 산 번지
153(8)	최병구	월미도	버리고 간 노래, 선민출판사, 1981.	월미도
		경인선	버리고 간 노래, 선민출판사, 1981.	경인선
		새로운 다짐	버리고 간 노래, 선민출판사, 1981.	인천 역사, 항구
		송도유원지	버리고 간 노래, 선민출판사, 1981.	송도유원지
		월미도	버리고 간 노래, 선민출판사, 1981.	월미도
		자유공원	버리고 간 노래, 선민출판사, 1981.	자유공원

순번 (작품 수)	시인	작품명	수록지(시집)	소재 또는 배경
		새날의 송가 (頌歌)	꽃섬에서 부르는 노래, 삼정, 2003.	송현동 산비탈
		봄비 오는 밤	꽃섬에서 부르는 노래, 삼정, 2003.	인천교 그 흙 비탈길
154(1)	최병두	인천나그네	서울매미, 눈, 1991.	인천
155(1)	최상호	유언	지도가 있는 시 속의 인천, 혜화당, 2009.	강화도
156(10)	최성민	영종도행	아나키를 꿈꾸며, 시와시학사, 2000.	영종도
		아버지의 꿈	아나키를 꿈꾸며, 시와시학사, 2000.	학익동 산28번지
		톰과 제리	아나키를 꿈꾸며, 시와시학사, 2000.	영종도
		사랑의 나무 -도원동 연가1	도원동 연가, 우리글, 2010.	도원동
		구기자 몇 알 -도원동 연가2	도원동 연가, 우리글, 2010.	도원동
		타지마할 -도원동 연가11	도원동 연가, 우리글, 2010.	도원동
		변비 -청천동 시대2	도원동 연가, 우리글, 2010.	청천동
		사노라면 -문학동 소묘	도원동 연가, 우리글, 2010.	문학동
		월미도, 5월	도원동 연가, 우리글, 2010.	월미도, 〈예전〉 카페
		자정 무렵, 경인선	도원동 연가, 우리글, 2010.	서해바다
157(2)	최성연	제물포	꽃섬에서 부르는 노래,	제물포

순번 (작품 수)	시인	작품명	수록지(시집)	소재 또는 배경
		개항의 노래	삼정, 2003.	
		인천각	작고 인천 문인 선집·1(시), 한국문인협회인천광역시지회, 2008.	인천각
158(4)	최승렬	경동근처	작고 인천 문인 선집·1(시), 한국문인협회인천광역시지회, 2008.	경동근처
		공원	작고 인천 문인 선집·1(시), 한국문인협회인천광역시지회, 2008.	공원
		세 번 넘어지고	작고 인천 문인 선집·1(시), 한국문인협회인천광역시지회, 2008.	용유도, 강화도
		인천항	지도가 있는 시 속의 인천, 혜화당, 2009.	인천항
159(1)	최시호	숭의 분수대	작고 인천 문인 선집·1(시), 한국문인협회인천광역시지회, 2008.	숭의 분수대
160(10)	최일화	인천	사랑 하나 고뇌도 하나, 日善企劃, 1985.	인천
		무관심	사랑 하나 고뇌도 하나, 日善企劃, 1985.	신포동 지하상가
		주봉이	사랑 하나 고뇌도 하나, 日善企劃, 1985.	소래포구
		월남집	사랑 하나 고뇌도 하나, 日善企劃, 1985.	신포동 한 모퉁 이(주점 사이공)
		인천사람	꽃과 하늘 그리고 사랑, 고글, 1993.	인천사람
		가을 들녘이	오마이뉴스, 2008. 10. 2.	소래 들녘

순번 (작품 수)	시인	작품명	수록지(시집)	소재 또는 배경
		궁금하다		
		백로	해질녘, 에세이, 2008.	폐 염전
		항구도시	해질녘, 에세이, 2008.	항구도시
		항구도시의 봄	해질녘, 에세이, 2008.	항구도시 (봄)
		추석 다음날	소래갯벌공원, 이담북스, 2011.	소래갯벌공원
161(1)	최전엽	조개고개	멀리 보이는 숲이 아름답다, 북스토리, 2005.	조개고개
162(2)	최정	바람 부는 도시의 꽃	내 피는 불순하다, 우리글 출판사, 2008.	인천
		을왕리	내 피는 불순하다, 우리글 출판사, 2008.	을왕리
163(1)	최정례	성냥공장 아가씨	레바논 감정, 문학과지성사, 2006.	인천 성냥공장
164(1)	최제형	자월도	고향 하늘에 뜨는 달무리, 유페이퍼, 2013.	자월도
165(10)	태동철	장경리 소나무	내 사랑 영흥도, 문학아카데미, 2013.	영흥도 장경리
		영흥도의 만조	내 사랑 영흥도, 문학아카데미, 2013.	영흥도
		농어바위	내 사랑 영흥도, 문학아카데미, 2013.	영흥도
		팔미도 등대	내 사랑 영흥도, 문학아카데미, 2013.	팔미도
		섬을 징검다리 삼아	내 사랑 영흥도, 문학아카데미, 2013.	영흥면 양로봉
		섬어벌	내 사랑 영흥도, 문학아카데미, 2013.	영흥면 섬어벌

순번 (작품 수)	시인	작품명	수록지(시집)	소재 또는 배경
		흑진주 섬 포도	내 사랑 영흥도, 문학아카데미, 2013.	영흥도 포도
		난도질	내 사랑 영흥도, 문학아카데미, 2013.	영흥도 장경리 해변
		내 사랑 영흥도	내 사랑 영흥도, 문학아카데미, 2013.	영흥도
		월미도	내 사랑 영흥도, 문학아카데미, 2013.	월미도
166(65)	하종오	강화학파 첫인사	신강화학파, 도서출판 b, 2014.	강화
		저물녘	신강화학파, 도서출판 b, 2014.	강화
		돌맹이를 모아 집 둘레에 놓다	신강화학파, 도서출판 b, 2014.	강화
		울타리	신강화학파, 도서출판 b, 2014.	강화
		강화학파의 새 일파	신강화학파, 도서출판 b, 2014.	강화
		밥 먹을 때마다 논을 바라본다	신강화학파, 도서출판 b, 2014.	강화
		강화도의 밤	신강화학파, 도서출판 b, 2014.	강화
		단풍나무 아래	신강화학파, 도서출판 b, 2014.	강화
		새 강화학파 또는 망년우	신강화학파, 도서출판 b, 2014.	강화
		고무신	신강화학파, 도서출판 b, 2014.	강화
		개두릅나무 애순	신강화학파, 도서출판 b, 2014.	강화
		호박씨를 심다	신강화학파, 도서출판 b, 2014.	강화

순번 (작품 수)	시인	작품명	수록지(시집)	소재 또는 배경
		신강화학파	신강화학파, 도서출판 b, 2014.	강화
		달빛 광경	신강화학파, 도서출판 b, 2014.	강화
		입하	신강화학파, 도서출판 b, 2014.	강화
		마을길 걷다	신강화학파, 도서출판 b, 2014.	강화
		곁눈질	신강화학파, 도서출판 b, 2014.	강화
		신강화학파의 할 일	신강화학파, 도서출판 b, 2014.	강화
		쑥떡 봄철	신강화학파, 도서출판 b, 2014.	강화
		밤나무에게 거름을 주다	신강화학파, 도서출판 b, 2014.	강화
		바람길	신강화학파, 도서출판 b, 2014.	강화
		봄비가 내리고 그 치고 또 내리다	신강화학파, 도서출판 b, 2014.	강화
		자칭 신강화학파	신강화학파, 도서출판 b, 2014.	강화
		가장귀	신강화학파, 도서출판 b, 2014.	강화
		호박씨를 누가 주었더라?	신강화학파, 도서출판 b, 2014.	강화
		소리의 집	신강화학파, 도서출판 b, 2014.	강화
		햇빛과 바람의 골짜기	신강화학파, 도서출판 b, 2014.	강화
		신강화학파의 분파	신강화학파, 도서출판 b, 2014.	강화
		잣나무들이 문제였다	신강화학파, 도서출판 b, 2014.	강화
		늙은 밤나무를 위해 젊은 잣나 무를 베다	신강화학파, 도서출판 b, 2014.	강화

순번 (작품 수)	시인	작품명	수록지(시집)	소재 또는 배경
		자드락길 인사	신강화학파, 도서출판 b, 2014.	강화
		내가 사는 부근 밭들마다	신강화학파, 도서출판 b, 2014.	강화
		신강화학파의 아침나절	신강화학파, 도서출판 b, 2014.	강화
		풍경독점	신강화학파, 도서출판 b, 2014.	강화
		흔한 정경	신강화학파, 도서출판 b, 2014.	강화
		풍경 탄생	신강화학파, 도서출판 b, 2014.	강화
		해질녘의 신강화학파	신강화학파, 도서출판 b, 2014.	강화
		뭐 심으시꺄	신강화학파, 도서출판 b, 2014.	강화
		솎아서 가져가게 하지 말고 솎아서 주어야 한다	신강화학파, 도서출판 b, 2014.	강화
		알을 죽인다	신강화학파, 도서출판 b, 2014.	강화
		신강화학파의 꿈	신강화학파, 도서출판 b, 2014.	강화
		원주민	신강화학파, 도서출판 b, 2014.	강화
		말년	신강화학파, 도서출판 b, 2014.	강화
		고물자전거	신강화학파, 도서출판 b, 2014.	강화
		목욕탕에서	신강화학파, 도서출판 b, 2014.	강화
		신강화학파의 햇빛과 바람	신강화학파, 도서출판 b, 2014.	강화
		복사나무	신강화학파, 도서출판 b, 2014.	강화
		고구마	신강화학파, 도서출판 b, 2014.	강화

순번 (작품 수)	시인	작품명	수록지(시집)	소재 또는 배경
		기둥	신강화학파, 도서출판 b, 2014.	강화
		수법	신강화학파, 도서출판 b, 2014.	강화
		강화학파와 신강 화학파의 덕담	신강화학파, 도서출판 b, 2014.	강화
		여생	신강화학파, 도서출판 b, 2014.	강화
		늦봄 보슬비	신강화학파, 도서출판 b, 2014.	강화
		감나무	신강화학파, 도서출판 b, 2014.	강화
		신강화학파의 마을	신강화학파, 도서출판 b, 2014.	강화
		깊드리 산봉우리	신강화학파, 도서출판 b, 2014.	강화
		낡은 집	신강화학파, 도서출판 b, 2014.	강화
		구경거리	신강화학파, 도서출판 b, 2014.	강화
		신강화학파의 풍문	신강화학파, 도서출판 b, 2014.	강화
		나무난간	신강화학파, 도서출판 b, 2014.	강화
		울음소리	신강화학파, 도서출판 b, 2014.	강화
		한밤중의 신강화학파	신강화학파, 도서출판 b, 2014.	강화
		연밥	신강화학파, 도서출판 b, 2014.	강화
		초어스름	신강화학파, 도서출판 b, 2014.	강화
		신강화학파와 이천편	신강화학파, 도서출판 b, 2014.	강화
167(13)	한기철	송도 1	하늘바라기, 도서출판 소설, 2001.	송도
		송도 2	하늘바라기, 도서출판 소설, 2001.	송도

순번 (작품 수)	시인	작품명	수록지(시집)	소재 또는 배경
		송도 3	하늘바라기, 도서출판 소설, 2001.	송도
		송도 4	하늘바라기, 도서출판 소설, 2001.	송도
		송도 5	하늘바라기, 도서출판 소설, 2001.	송도
		송도 6	하늘바라기, 도서출판 소설, 2001.	송도
		송도 7	하늘바라기, 도서출판 소설, 2001.	송도
		송도 8	하늘바라기, 도서출판 소설, 2001.	송도
		월미도	하늘바라기, 도서출판 소설, 2001.	월미도
		인천	하늘바라기, 도서출판 소설, 2001.	인천
		인천	하늘바라기, 도서출판 소설, 2001.	인천
		청량산	하늘바라기, 도서출판 소설, 2001.	청량산
		해안로에서	하늘바라기, 도서출판 소설, 2001.	해안로
168(1)	한도훈	쥐똥을 씹으며	오늘 악어떼가 자살을 했다, 산맥, 2003.	월미도
169(6)	한상억	월미도에 갔더니	학산문학, 2002. 여름.	월미도

순번 (작품 수)	시인	작품명	수록지(시집)	소재 또는 배경
		월미도의 노래	학산문학, 2002. 여름.	월미도
		송도의 노래	학산문학, 2002. 여름.	송도
		신포동의 노래	학산문학, 2002. 여름.	신포동
		문학산의 노래	학산문학, 2002. 여름.	문학산
		마니산	지도가 있는 시 속의 인천, 혜화당, 2009.	강화 마니산
170(18)	한연순	인천항	학산문학, 2002. 여름.	인천항
		2003, 만석동 골목길	공기벽돌 쌓기 놀이, 조선문학사, 2006.	만석동 골목길
		2003, 화평동 골목길	공기벽돌 쌓기 놀이, 조선문학사, 2006.	화평동 골목길
		연안부두의 달	공기벽돌 쌓기 놀이, 조선문학사, 2006.	연안부두의 달
		월미도 찻집에서	공기벽돌 쌓기 놀이, 조선문학사, 2006.	월미도 찻집
		월미도·2	공기벽돌 쌓기 놀이, 조선문학사, 2006.	월미도
		작약도 연가	공기벽돌 쌓기 놀이, 조선문학사, 2006.	작약도
		장봉도 가는 길	공기벽돌 쌓기 놀이, 조선문학사, 2006.	장봉도 가는 길
		종점 없는 구두	공기벽돌 쌓기 놀이, 조선문학사, 2006.	원인재역
		섬 이야기 -굴업도	공기벽돌 쌓기 놀이, 조선문학사, 2006.	굴업도
		소래 철길 위에서	공기벽돌 쌓기 놀이, 조선문학사, 2006.	소래 철길 위

순번 (작품 수)	시인	작품명	수록지(시집)	소재 또는 배경
		송림동 똥고갯길	공기벽돌 쌓기 놀이, 조선문학사, 2006.	송림동 똥고갯길
		괭이부리 선착장	돌담을 쌓으며, 진원, 2008.	괭이부리 선착장
		수도국산 달동네 박물관	돌담을 쌓으며, 진원, 2008.	수도국산 달동네 박물관
		연안부두	돌담을 쌓으며, 진원, 2008.	연안부두
		월미도·3	돌담을 쌓으며, 진원, 2008.	월미도
		월미도·4	돌담을 쌓으며, 진원, 2008.	월미도
		자유공원	돌담을 쌓으며, 진원, 2008.	자유공원
171(1)	한응락	애기봉	학산문학, 2002.여름.	광성보, 애기봉
172(3)	한창원	겨울 소래포구에서	협궤열차가 지고 간 하루, 다인아트, 2013.	소래포구
		문학산	협궤열차가 지고 간 하루, 다인아트, 2013.	문학산
		용유도 가는 길	협궤열차가 지고 간 하루, 다인아트, 2013.	용유도 가는 길
173(2)	한하운	여가(驪歌) (애염가, 愛染歌)	한하운 전집, 문학과지성사, 2010.	부평 성계원
		작약도	한하운 전집, 문학과지성사, 2010.	작약도
174(5)	함민복	동막리 가을	말랑말랑한 힘, 문학세계사, 2005.	동막리
		분오리 저수지에서	말랑말랑한 힘, 문학세계사, 2005.	분오리 저수지

순번 (작품 수)	시인	작품명	수록지(시집)	소재 또는 배경
		어민 후계자 함현수	말랑말랑한 힘, 문학세계사, 2005.	강화도 여차리
		한밤의 덕적도	말랑말랑한 힘, 문학세계사, 2005.	덕적도
		동막리 바다로 가는 길	지도가 있는 시 속의 인천, 혜화당, 2009.	동막리
175(1)	함용정	소래포구	비를 좋아하는 여인 -푸른시동인 11집, (은혜미디어시선·51), 2006.	소래포구
176(1)	허문태	인천교에서	꽃섬에서 부르는 노래, 삼정, 2003.	인천교
177(2)	허선화	수도국산 달동네·1	꽃섬에서 부르는 노래, 삼정, 2003.	수도국산 달동 네
		수도국산 달동네·2	꽃섬에서 부르는 노래, 삼정, 2003.	수도국산 달동 네
178(28)	호인수	부평시장	차라리 문둥이일 것을, 日善出版社, 1987.	부평시장
		소래	차라리 문둥이일 것을, 日善出版社, 1987.	소래
		까치소리	차라리 문둥이일 것을, 日善出版社, 1987.	송림동
		수문통	차라리 문둥이일 것을, 日善出版社, 1987.	수문통
		백령도 1 서시	백령도, 실천문학사, 1991.	백령도
		백령도 2 정월 보 름날 바닷가에서	백령도, 실천문학사, 1991.	백령도
		백령도 3 봄눈은 내리고	백령도, 실천문학사, 1991.	백령도

순번 (작품 수)	시인	작품명	수록지(시집)	소재 또는 배경
		백령도 4 바람 불어 외로운 날	백령도, 실천문학사, 1991.	백령도
		백령도 5 백령도에 나는 풀	백령도, 실천문학사, 1991.	백령도
		백령도 6 섬에 서는 4월도 4월 이 아니다	백령도, 실천문학사, 1991.	백령도
		백령도 7 찌렁새	백령도, 실천문학사, 1991.	백령도
		백령도 8 술잔을 돌리며	백령도, 실천문학사, 1991.	백령도
		백령도9 사곶해변에서	백령도, 실천문학사, 1991.	백령도
		백령도 10 장산 곶을 바라보며	백령도, 실천문학사, 1991.	백령도
		백령도 11 홍합을 먹으며	백령도, 실천문학사, 1991.	백령도
		백령도 12 섬은 감옥이다	백령도, 실천문학사, 1991.	백령도
		백령도 13 조부락 낚시	백령도, 실천문학사, 1991.	백령도
		백령도 14 아령을 하면서	백령도, 실천문학사, 1991.	백령도
		백령도 15 바람과 까치	백령도, 실천문학사, 1991.	백령도
		백령도 16 전화	백령도, 실천문학사, 1991.	백령도

순번 (작품 수)	시인	작품명	수록지(시집)	소재 또는 배경
		백령도 17 매미	백령도, 실천문학사, 1991.	백령도
		백령도 18 초가을에	백령도, 실천문학사, 1991.	백령도
		백령도 19 꽃잎 은 떨어지고	백령도, 실천문학사, 1991.	백령도
		백령도 20 벼벤 후	백령도, 실천문학사, 1991.	백령도
		백령도21 외로운 세모에	백령도, 실천문학사, 1991.	백령도
		4월 19일 백령도에서	백령도, 실천문학사, 1991.	백령도
		주안역 뒤	백령도, 실천문학사, 1991.	주안역 뒤
		두무진 미사	백령도, 실천문학사, 1991.	두무진 미사
179(4)	홍명희	내 고향 내 사랑이여	사랑으로 가는 길, 혜화당, 1990.	제물포
		인천시 동구 송림동	조용히 그리고 환하게, 삼정, 2000.	송림동
		부처산	조용히 그리고 환하게, 삼정, 2000.	부처산
		동인천 역전에서	조용히 그리고 환하게, 삼정, 2000.	동인천 역전
180(1)	황지우	꽃피는 삼천리, 금수 강산	겨울-나무로부터 봄- 나무에로, 민음사, 1985.	인천

찾아보기

참고문헌

1. 자료

김철성 엮음, 『꽃섬에서 부르는 노래-동구향토시집』, 삼정, 2003.

연수문화원 엮음, 『지도가 있는 시(詩) 속의 인천』, 혜화당, 2009.

한국문인협회인천광역시지회 엮음, 『인천문인대표작선집(1)』, 한국문협인천
　　지부, 1993.

　　　　　　　　　　　　　　　, 『협궤열차에의 추억』, 한국문인협회인천
　　광역시지회, 1996.

　　　　　　　　　　　　　　　, 『작고 인천 문인 선집 · 1(시)』, 한국문인
　　협회인천광역시지회, 2008.

　　　　　　　　　　　　　　　, 『작고 인천 문인 선집 · 4(아동문학 · 수필)』,
　　한국문인협회인천광역시지회, 2011.

　　　　　　　　　　　　　　　, 『인천문학상수상작품집』, 한국문인협회
　　인천광역시지회, 2013.

이외에 개인시집 및 전집, 잡지 등에 수록된 시는 생략함.

2. 저서

강덕우 · 강옥엽, 『인천역사칼럼』, 기호일보, 2010.

경인일보 인천본사 특별취재팀, 『격동 한 세기 인천이야기』, 다인아트, 2008.

구모룡, 『지역문학과 주변부적 시각』, 신생, 2005.

김양수, 『인천개화백경(仁川開化百景)』, 화인재, 1998.

김창수, 『인천공부 : 인천문화와 인천학의 탐구』, 다인아트, 2005.

김태준 외, 『문학지리 · 한국인의 심상공간 (상) 국내편1』, 논형, 2005.

　　　　, 『문학지리 · 한국인의 심상공간 (중) 국내편2』, 논형, 2005.

김태준 외, 『문학지리·한국인의 심상공간 (하) 국외편』, 논형, 2005.

마종기 외, 『조병화의 문학세계』, 일지사, 1986.

박태일, 『한국 지역문학의 논리』, 청동거울, 2004.

윤영천, 『형상과 비전』, 소명출판, 2008.

이영태·이희환, 『인천 지역 문화 연구의 현황과 과제』, 인천대학교 인천학연구원, 2003.

이재선, 『우리문학은 어디에서 왔는가』, 소설문학사, 1986.

이현식, 『문화도시로 가는 길』, 다인아트, 2004.

_____, 『인천담론, 인천정담』, 리토피아, 2012.

이희환, 『인천문화를 찾아서』, 다인아트, 2003.

_____, 『문학으로 인천을 읽다』, 작가들, 2010.

인천광역시, 『근대문화로 읽는 한국 최초 인천 최고』, 인천광역시 역사자료관 역사문화연구실, 2005.

_____, 『인천의 산과 하천』, 인천광역시 역사자료관 역사문화연구실, 2006.

_____, 『인천개항장풍경』, 인천광역시 역사자료관 역사문화연구실, 2006.

_____, 『인천의 문화유산을 찾아서』, 인천광역시 역사자료관, 2008.

인천근현대문화예술사 편찬위원회, 『인천근현대문화예술사 연구』, 인천문화재단, 2009.

인천지리답사모임 「터사랑」, 『인천땅 '이만큼 알기'』, 다인아트, 2005.

인하대학교 한국학연구소 편, 『문학 속의 인천, 인천의 문학』, 글로벌콘텐츠, 2014.

장석주, 『장소의 탄생-우리시의 문학지리학』, 작가정신, 2006.

_____, 『장소의 기억을 꺼내다-경기도의 문학지리』, 사회평론, 2007.

정혁준, 『키친아트 이야기』, 청림출판, 2011.

조우성, 『인천이야기 100장면』, 인아트, 2004.

홍성철, 『유곽의 역사』, 페이퍼로드, 2007.

황규수, 『한국 현대시의 공간과 시간』, 한국문화사, 2004.

_____, 『한국 현대시와 만주체험』, 한국학술정보, 2009.

3. 논문

김양수, 「잊어선 안 될 오류의 조명」, 『학산문학』, 1996. 가을호.

김윤식, 「인천 문학예술의 현황과 과제」, 『예술문화비평』, 2012. 여름.

신연수, 「초창기 인천의 문예활동」, 『학산문학』, 1992. 겨울호.

_____, 「인천문단의 어제와 오늘(2)」, 『학산문학』, 1993. 봄호.

_____, 「문둥이 시인 한하운의 문학과 생애」, 『학산문학』, 1998. 겨울호.

안정헌, 「대중일보 소재 문학연구」, 『인천학연구』2-1호, 2003. 12.

오양호, 「한국 현대문학에 나타나는 인천의 변천고찰」, 『교수논총』, 2003. 2-1.

_____, 「인천학(仁川學)의 '문학지리학'적 접근」, 『인천학연구』17, 2012. 8.

_____, 「문학 속의 인천 심상, 그 문학지리학적 접근(2)」, 『인천학연구』19, 2013. 8.

유윤식, 「인천 시인들의 시적 경향 연구」, 『인천학연구』창간호, 2002. 12.

이영태, 「일제 강점기 대중가요에 나타난 '인천'」, 『인천학연구』제4권, 2005. 2.

이원규, 「국토와 문학(8)-인천」, 『문예중앙』, 1988. 겨울호.

_____, 「인천의 바다와 현대문학」, 『동서문학』, 1995. 12.

_____, 「문학작품의 공간으로서의 인천」, 『학산문학』, 2006. 여름호.

이준희, 「일제시대 인천 지역의 대중음악적 위상」, 『인천학연구』제9권, 2008. 8.

이태희, 「인천지역 문학동인지 연구(Ⅰ)」, 『인천학연구』제3권, 2004. 9.

이현식, 「대중문화에 나타난 인천 이미지 연구」, 『인천학연구』제3권, 2004. 9.

이희환, 「인천 시편」, 『황해문화』, 1996. 겨울호.

_____, 「근대 인천과 지역문학2」, 『황해문화』, 1998. 겨울호.

조동일, 「문학지리학을 위한 출발선상의 토론」, 『한국문학연구』제27집, 동국대학교 한국문학연구소, 2004.

조성면, 「철도와 문학-경인선 철도를 통해서 본 한국의 근대문학-」, 『인천학연구』제4권, 2005. 2.

조영숙, 「인천을 소재로 한 시 작품 다시 읽기」, 『학산문학』, 2002. 여름호.

최원식, 「경인선의 문화지리」, 『황해에 부는 바람』, 다인아트, 2000.

최원식·김윤식[토론], 「인천문학이 지나온 길, 나아갈 길」, 『학산문학』, 2008.
    여름호.

한상렬, 「낡은 담론에서 새로운 패러다임으로」, 『학산문학』, 1998. 겨울호.

황규수, 「조병화의 인천 시절과 시편」, 『인천역사—인천문학의 재조명—』2호,
    인천광역시 역사자료관 역사문화연구실, 2005.

황규수(黃圭樹)

인천 출생
인하대학교 문과대학 국어국문학과 졸업
동 대학원 석사·박사과정 수료(문학박사)
인하대학교 강사·한국학연구소 객원 연구원
한국방송통신대학교 강사 역임
현재 동산중학교 교사, 인천개항장연구소 연구위원
주요 저서 :『한국 현대시의 공간과 시간』(2004)
　　　　　　『한국문학연구의 현단계』(공저, 2005)
　　　　　　『인천역사 2호-인천문학의 재조명』(공저, 2005)
　　　　　　『인천 개항장 풍경』(공저, 2006)
　　　　　　『심연수 원본대조 시전집』(편저, 2007)
　　　　　　『유은종 교수 회갑 논문집』(공저, 2007)
　　　　　　『심연수 시의 원전 비평』(2008)
　　　　　　『한국 현대시와 만주체험』(2009)
　　　　　　『한류·한풍 연구』(공저, 2009)
　　　　　　『일제강점기 재만조선시인 심연수 시선집-비명(碑銘)에 찾는 이름』(편저, 2010)
　　　　　　『한국문학의 탐색』(공저, 2011)

인천학연구총서 30
한국 현대시와 인천 심상지리(心象地理)

2015년 2월 13일 초판 1쇄 펴냄

기　회 인천대학교 인천학연구원
저　자 황규수
발행인 김흥국
발행처 보고사

등록 1990년 12월 13일 제6-0429호
주소 서울특별시 성북구 보문동7가 11번지 2층
전화 922-5120~1(편집), 922-2246(영업)
팩스 922-6990
메일 kanapub3@naver.com
http://www.bogosabooks.co.kr

ISBN 979-11-5516-332-0 94300
　　　 979-11-5516-336-8 (세트)
ⓒ 황규수, 2015

정가 15,000원

이 도서의 국립중앙도서관 출판예정도서목록(CIP)은 서지정보유통지원시스템 홈페이지
(http://seoji.nl.go.kr)와 국가자료공동목록시스템(http://www.nl.go.kr/kolisnet)에
서 이용하실 수 있습니다.(CIP제어번호: CIP2015002673)